历史的天空

历史上著名的艺术家

历 史 的 天 空

历史上著名的艺术家

何 武 编著

吉林出版集团股份有限公司 | 全国百佳图书出版单位

前 言

古往今来,人类浩瀚如烟的历史长河里,留下了一个个鲜活的面孔,他们或博古通今,或运筹帷幄,或指点江山,或忠君爱国,或遭人唾弃……他们铸就了历史的兴衰与荣辱,辉煌与悲怆。

几千年来的人类文明历史,因为有了这些著名的人物而变得丰富多彩,无论他们是正义亦或邪恶的,都对历史车轮的前进留下了不可磨灭的印记。

英国哲学家弗朗西斯·培根曾经说过:"读史使人明智。"历史蕴含着丰富的经验与真知。

本套书不仅仅是让读者学习其中的历史知识,更是希望他们通过阅读这些著名人物的故事,在充分了解昨天的基础上,把握好今天,充实自己的头脑,获得丰富的人生启迪,创造出更加美好灿烂的明天。

本书在艺术的璀璨星空中攫取数十位古今中外的大艺术家,他们中有自成一派的书法家,有承上启下的画家,有为音乐疯狂的音乐家,也有博学多才的艺术杂家……也许你不会识五线谱,也许你也无法用画笔绘出美丽的风景,但请你在本书中走近他们,用心灵触摸他们,感受这些无比精彩的为艺术而生的人,让自己的心灵也熏染上几缕艺术的气息。

岁月沧桑,时光流逝,在历史的长河中,艺术家们留给后人的多是传诸永久而永恒的心灵写照。它以潜移默化、寓教于乐的特殊方式对人的思想感情进行审美教育。

艺术家运用各种材料和方式创造出具有美学价值和其他社会功能的艺术品,记录下那个时代人们的思想、情感、愿望和理想及生活方式。并不断地激荡着人们的内在心灵,丰富和充实着人们的精神生活。

目 录

天下第一行书——王羲之
一代书圣　　　　　　　　　　9
承前启后　　　　　　　　　　11
"三绝"画家——顾恺之
画绝与才绝　　　　　　　　　15
痴绝　　　　　　　　　　　　19
书画自成一家——米芾
装癫索砚　　　　　　　　　　22
米芾练字　　　　　　　　　　24
开创元代新画风的赵孟頫
书画大家　　　　　　　　　　29
《秋深帖》　　　　　　　　　30
文艺复兴时期的画家——达·芬奇
《蒙娜丽莎》　　　　　　　　34
科学杂家　　　　　　　　　　36
追求艺术完美——米开朗基罗
雕凿人生　　　　　　　　　　42
向头号艺术家挑战　　　　　　43
西方"现代音乐"之父——巴赫
去世后才出名　　　　　　　　48
音乐界的憾事　　　　　　　　50

目 录

交响乐之父——海顿
大师的友谊   54
海顿的风暴   55

无惧时代的变迁——莫扎特
全才作曲家   60
死亡之谜   61

失去听觉的音乐家——贝多芬
与命运抗争   65
严谨的艺术   66

小提琴之神——帕格尼尼
难以超越的成就   70
艰难的下葬   73

古典主义音乐巨匠——舒伯特
丰富的作品   77
音乐的价值   78

古典主义最后一位雕塑家——罗丹
伟大的老师   83
罗丹砍"手"   85

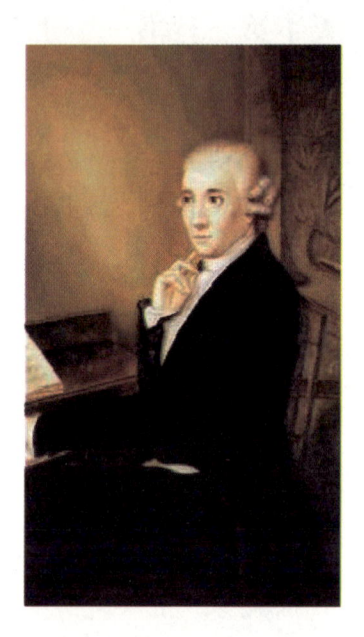

印象派创始人之一——莫奈
印象派大师   89
莫奈的情感世界   91

目 录

"更有力地表现我自己"——梵高
疯狂的人生　　　　　　93
终生的事业　　　　　　97

"不教一日闲过"的齐白石
爱憎分明　　　　　　　101
艺术成就　　　　　　　102

"四绝"宗师——吴昌硕
中年学画　　　　　　　104
独特画风　　　　　　　106

"精灵舞者"邓肯
舞蹈才女　　　　　　　112
"就是没有圣诞老人"　　113

现代艺术创始人——毕加索
艺术探索　　　　　　　116
成就另类艺术　　　　　119

用幽默批判现实——卓别林
揭露与迫害　　　　　　122
周总理与卓别林　　　　124

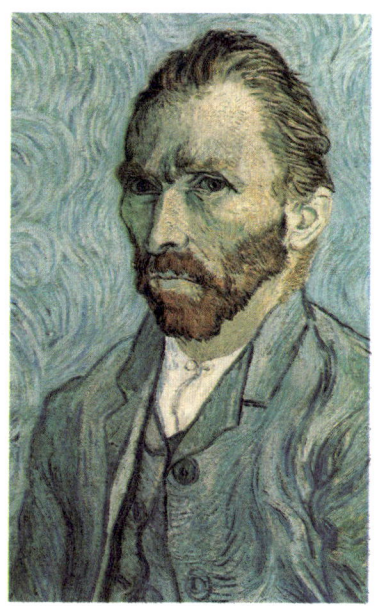

目 录

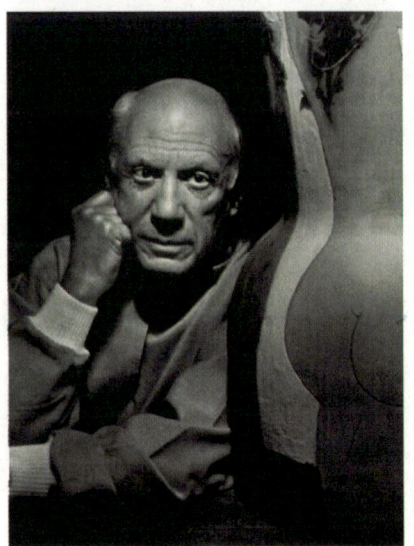

享有国际声誉的大师——梅兰芳
进军好莱坞　　　　　　　129
爱国精神　　　　　　　　131

震惊巴黎艺术界的徐悲鸿
技惊中外　　　　　　　　135
徐悲鸿与马　　　　　　　136

"五百年来第一人"——张大千
书法篆刻　　　　　　　　140
张大千戒毒　　　　　　　141

电影恐怖大师——希区柯克
恐怖电影代名词　　　　　144
他就是电影　　　　　　　147

电影天皇——黑泽明
电影《罗生门》　　　　　151
软糖的故事　　　　　　　152

"大动作"指挥家——小泽征尔
才华横溢的大师　　　　　157
小泽征尔的坚持　　　　　158

天下第一行书——王羲之

王羲之是我国东晋时期伟大的书法家,其楷、行、草、隶、八分、飞白、章草皆入神妙之境,成为后世崇拜的名家和学习的楷模,因此有"书圣"之称。其中,王羲之书写的《兰亭集序》为历代书家所敬仰,被称作"天下第一行书"。

一代书圣

王羲之,字逸少,东晋琅琊(今山东临沂)人。他的家族是晋代屈指可数的豪门大士族,祖父为尚书郎,父亲为淮南太守,曾倡议晋室渡江,于江左称制,建立东晋王朝。王羲之的伯父更是官拜东晋丞相,另一位伯父则是东晋的军事统帅。

王羲之幼年时曾跟随姨母——著名的女书法家卫夫人学过书法。后来又学习了前辈书法大师李斯、曹喜、张芝、张昶、蔡邕、钟繇和梁鹄等人的书法。这使他的书法融合各家所长,自成一家。再加上他的家族中擅长书法的人济济一堂,父辈王导、王旷、王异等都是书法家,这对他学习书法的帮助也是极为显著的。

王羲之为人坦率,不拘礼节,从小就不慕荣利,性格旷达,很

少为一些小事戚戚于心。也许,王羲之书法中雄浑开阔的气魄、自由潇洒的神态与他这种性格不无关系!

由于王羲之年少成名,朝廷公卿都喜爱他的才干,屡次征召为侍中、吏部尚书等职,他都坚辞不受。相对于当官,王羲之更喜欢清静。可当他不得已被迫为官时,他又决不玩忽职守。在他任职期间,王羲之曾对宰相谢安和参与朝政的殷浩等人发表过重要而切实的政见。他还对饥民开仓赈济。

王羲之对楷书、草书、行书诸体书法造诣都很深。他的楷书势形巧密,开辟了一种新的境界;他的草书浓纤折衷;他的行书遒媚劲健。人们称他的字"飘若浮云,矫若惊龙""龙跳天门,虎卧凰阁"。王羲之的书法刻本很多,像《乐颜论》《黄庭经》《东方朔画赞》等楷书作品,在中国古代书法史上都占有重要位置。他的行草书传世墨宝有《寒切帖》《姨母帖》《初月帖》等十余种。这

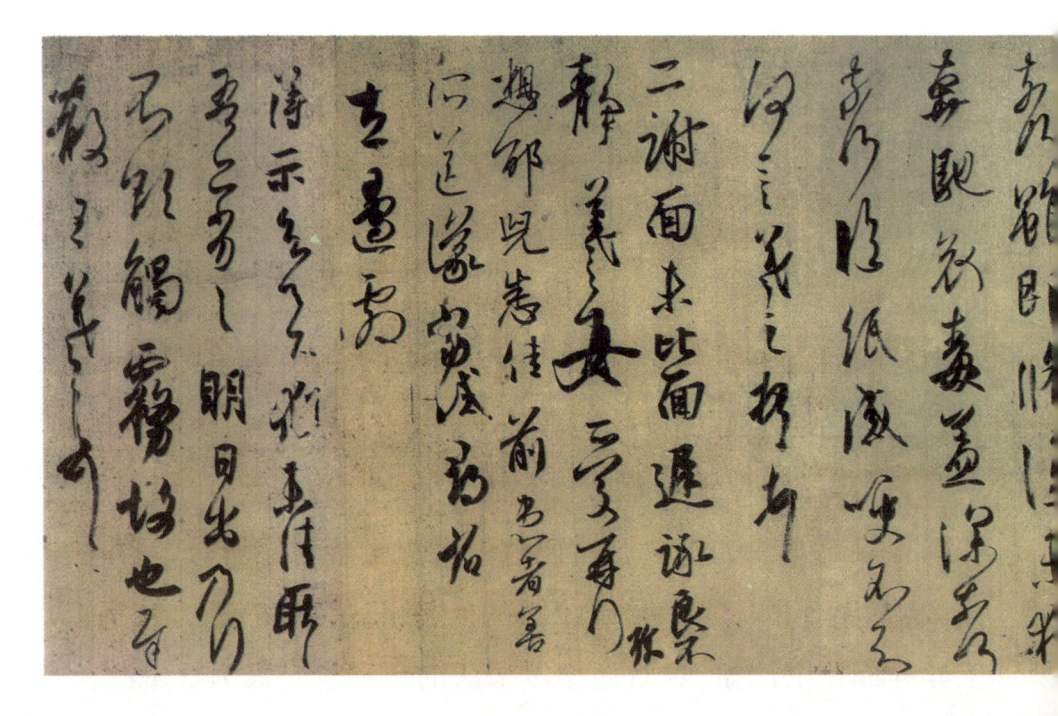

王羲之书法欣赏

些墨宝虽然是唐人双勾摹本，但也都不失为难得的珍品。他的行书《快雪时晴帖》只有二十四个字，被清乾隆皇帝列为《三希帖》之首。

《兰亭集序》是王羲之最著名的代表作之一。从文学的角度看，它文字优美，情感旷达闲逸，是千古绝妙的好文章；从书法的角度看，它被誉为法贴之冠，被各代名家悉心钻研。

王羲之还善于绘画，是历史上比较早的兼精绘画的书法家之一。他的夫人郗氏和他的七个儿子都善于书法，是一个闻名于世的书法世家，这在中国古代历史上也是不多见的。尤其是他的小儿子王献之，继承父学，且进一步独创天地，字画秀媚，妙绝时伦，以至与父齐名，人称"二王"。

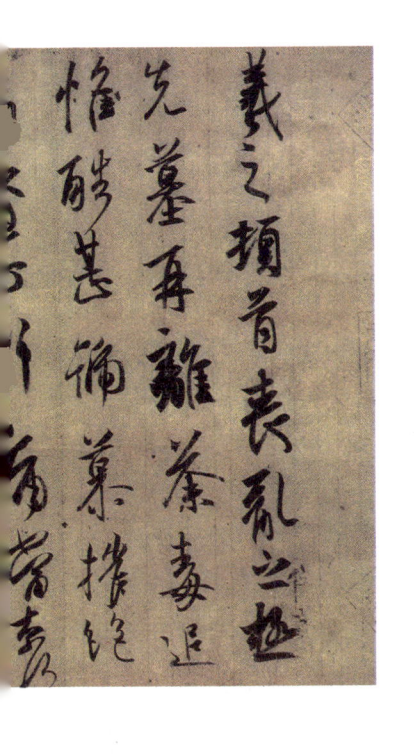

承前启后

王羲之树立了行书发展历史上的第一个里程碑。王羲之的行书开宗立派，在行书的定型、美化和完善的发展过程中，承上启下，揭开了新的一页。他所创造的"若断若连、如斜反正"的新体，开了一代新风，婉丽多姿、道法自然、风流潇洒，是典型的魏晋风度，为行书的创作树立了美的典范。他的代表作《兰亭集序》《平安帖》《姨母帖》《孔侍中帖》《快雪时晴帖》《得示帖》等，均被后人称之为"神品"。

由于王羲之的书法具有很高的审美

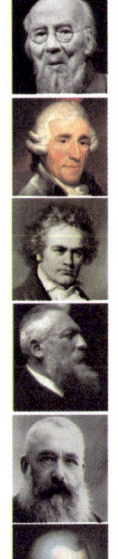

价值，又得到了历代帝王的尊崇，因此在东晋至唐初的几百年的时间里，人们崇尚王羲之，并极力效仿，可算是盛极一时，《兰亭集序》更被视为"天下第一行书"，是书家必学之帖。

王羲之的草书艺术价值也相当之高，它是在继承和扬弃章草与张芝草书变革过程中而生成的。遒美劲健、线条流畅、沉着痛快、气象万千，所谓"一画之间，变起伏于峰杪；一点之内，殊衄挫于毫芒"。

王羲之还是一位伟大的书法革新家。他并没有单纯地模仿别人，跟在古人后面亦步亦趋，而是在汲取前人养分的同时大胆革新。他不仅完成了汉字书体的定型，而且完成了中国书法艺术变质为妍的重大转变。王羲之还广泛地从汉魏以来群众的书法作品中汲取有益的养分，把散见于前代和当世的书法作品中的创作性因素集中起来，经过提纯、总结和艺术加工，融合统一在自己新的艺术创造之中，足见他非常善于学习。

王羲之书法反映了魏晋时代的审美追求。在这一时期，新的审美观念和标准在文人个性自觉的基础上得以确立，古拙浑朴之美向妍丽飘逸转换，各种艺术形式在要求表现自我情志的同时，开始追求形式的妍美。王羲之自觉地顺应历史的发展趋势和时代的审美艺术，大胆突破了秦汉以来千余年间的肃穆、庄严、整齐、古拙书风的笼罩，创造了富有神采的"王体"。

王羲之不仅在国内，而且在海外也受到人们的喜爱和崇拜。日本、韩国及东南亚书家对王羲之一直是顶礼膜拜。自唐时起，王羲之书法作品随中日两国文化交流的频繁而传入日本，就对日本书体书风产生了深刻影响，从而有力地促进和推动了日本乃至亚洲书道的发展，至今仍被视若珍宝，研究学习者不绝，而且有相当多的人是写"王书"的高手或研究家。

王羲之从小就喜爱写字,据说他平时走路的时候,也会随时用手指比划着练字。日子一久,甚至连衣服都划破了。经过勤学苦练,王羲之的书法越来越有名。当时的人都把他写的字视若珍宝。

相传有一次,王羲之到一个村子去。有个老婆婆拎了一篮子六角形的竹扇在集上叫卖。那种竹扇很简陋,没有什么装饰,根本就吸引不了路人,老婆婆十分着急。

王羲之很同情老婆婆,就上前跟她说:"你这竹扇上没画没字,当然卖不出去。我给你题上字,怎么样?"

老婆婆不认识王羲之,见他这样热心,便把竹扇交给他。王羲之提起笔来,在每把扇面上龙飞凤舞地写了五个字,就还给了老婆婆。老婆婆不识字,觉得他写得很潦草,还很不高兴。王羲之安慰她说:"别急。你告诉买扇的人,说上面是王羲之写的字。"

王羲之一离开,老婆婆就照他的话做了。结果集上的人一看是王羲之的书法,都抢着买。一箩竹扇马上就卖完了。

与许多艺术家有各自的爱好一样,王羲之很喜欢鹅。不管哪里有好鹅,他都有兴趣去

王羲之像

看，或者把它买回来玩赏。山阴有一个道士，他很想要王羲之给他写一卷《道德经》。可他知道王羲之是不肯轻易替人抄写经书的。后来，他打听到王羲之喜欢白鹅，就特地养了一批品种好的鹅。

果然，王羲之一听说道士家有好鹅，就真的跑去看了。当他走近那道士屋旁，正见到河里有一群鹅在水面上悠闲地浮游着，一身雪白的羽毛，映衬着高高的红顶，实在逗人喜爱，看着看着竟舍不得离开。他就派人找到道士，要求把这群鹅卖给他。可那道士却笑着说："既然王公这样喜爱，就不需要破费，我把这群鹅全部送您好了。不过我有一个要求，就是请您替我写一卷经。"

王羲之毫不犹豫地给道士抄写了一卷经，那群鹅就被王羲之带回去了。

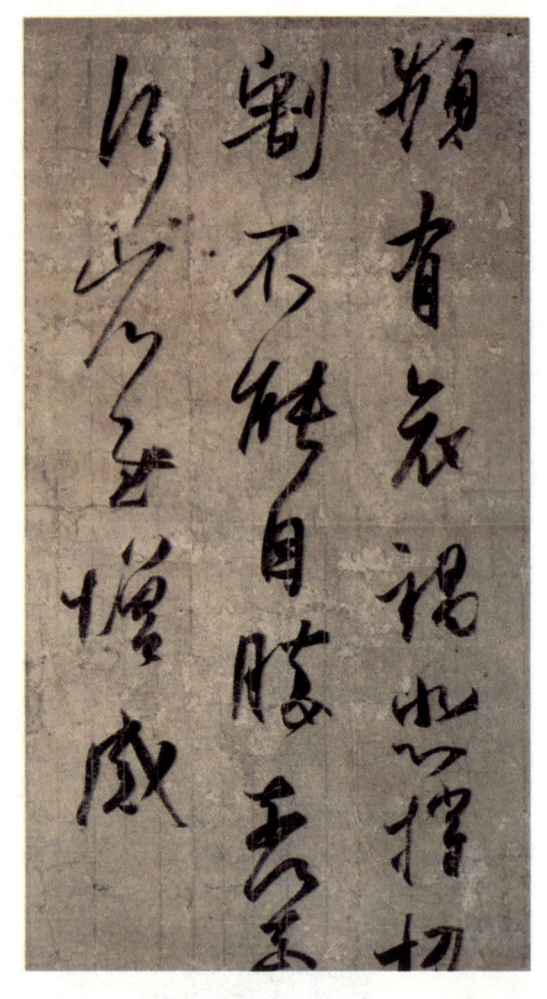

王羲之书法欣赏

"三绝"画家——顾恺之

顾恺之是我国东晋著名的大画家。古人对他评价很高,说他的笔法"紧劲连绵",如"春蚕吐丝",像"春云浮空,流水行地",那么飘逸,那么细腻。我们从顾恺之的代表作《洛神赋图》,可以很深刻地体会到这一点。顾恺之作画,意在传神,其"迁想妙得""以形写神"等论点,为中国传统绘画的发展奠定了基础。

画绝与才绝

顾恺之一生辛勤创作,仅史书记载他的名画就有170多幅,还有许多壁画。

公元364年,当时东晋都城建康新建瓦官寺,建成后寺僧请了豪门望族来寺中鸣钟打鼓,并请他们布施捐资。可这些人没有一个捐的钱数超过十万钱,独有不到20岁的顾恺之在捐款簿上写下"助百万钱"。寺中的僧人十分疑惑,这样一个年轻人哪来的这么多钱呢?

顾恺之不理他们,只让他们在寺中留出一堵墙面,然后关起

门来,用近一个月的时间,画了一幅《维摩诘像》。画完后,顾恺之对僧人们说,第一天来观看的人,要求布施十万,第二天布施五万,第三天任人布施。结果当打开门后,壁画光彩照人,观看者蜂拥而至,布施一下子超过了百万钱。

虽然现在这幅画连同瓦官寺早已毁坏,可根据史书上的记载,当时看过这幅壁画的人们都认为《维摩诘像》是有史以来最美妙的画幅。唐代大诗人杜甫曾见过顾恺之的这幅画,还留诗赞到"看画曾饥渴,追踪恨渺茫;虎头(顾恺之小名)金粟影(维摩诘又被称作金粟如来),神妙独难忘。"

顾恺之非常重视画人点睛的技巧。古书记载,他曾给别人画扇面,扇面上是大诗人阮籍、嵇康的像,但都没有点上眼珠,就把画给了人家。扇子的主人问他为什么不画上眼珠,他郑重其事地回答说:"怎么能点上眼珠呢?点了就要说话,变成活人了。"

顾恺之这种传神点睛的艺术造诣,不是一朝一夕之功,而是他几十年刻苦学习的结果。民间传说,顾恺之从小母亲就去世了,稍大一点,他每天缠着父亲追问母亲的长相。父亲被儿子的情思所感动,便不厌其详地叙述了妻子的长相和衣着。顾恺之把这一切都牢牢地记在自己的脑海里。八岁那年,他忽然向父亲要笔墨,说要给

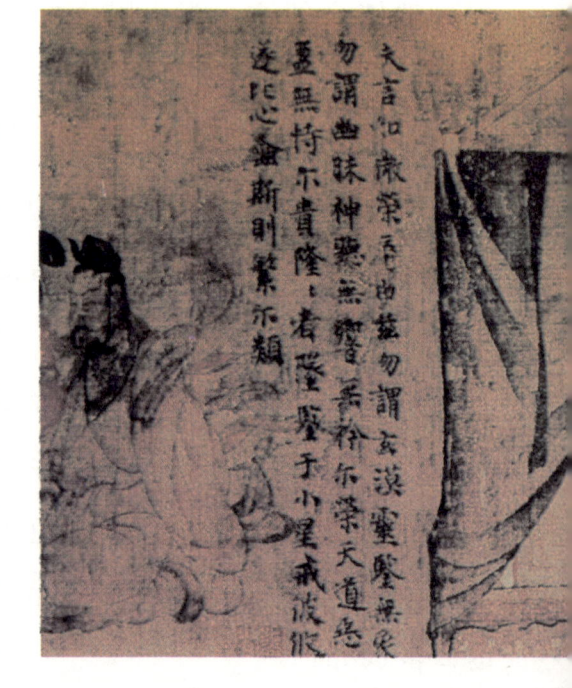

母亲画张像。父亲说:"你连母亲的样子都没见过,怎么画呢?"顾恺之说:"我就凭您说的画,一天不像画两天,两天不像画三天,一定要画像了为止。"于是顾恺之每天都在画,不分白天黑夜。画好了就给父亲看,看了以后改。渐渐地,画像与母亲居然有几分相像了,但就是眼睛画不好。顾恺之又用心地去琢磨,一年过去了,两年过去了,终于有一天,顾恺之把再次画成的母亲像给父亲看,父亲竟然看呆了,说:"像了,像了,太像了,眼睛特别像呀。"通过几年的苦练,顾恺之终于掌握了传神点睛的绘画技巧。

顾恺之多才多艺,他不仅画艺出色,他的书法、诗词歌赋甚至口才,也都是一般人比不了的。他的书法作品留下来的不多,据明朝书法鉴赏家董其昌考证,顾恺之的名画《女史箴图》上的《女史箴》全文,就是顾恺之自己写的。他的书法颇有晋代大书法家王羲之、王献之的功力。

顾恺之作品

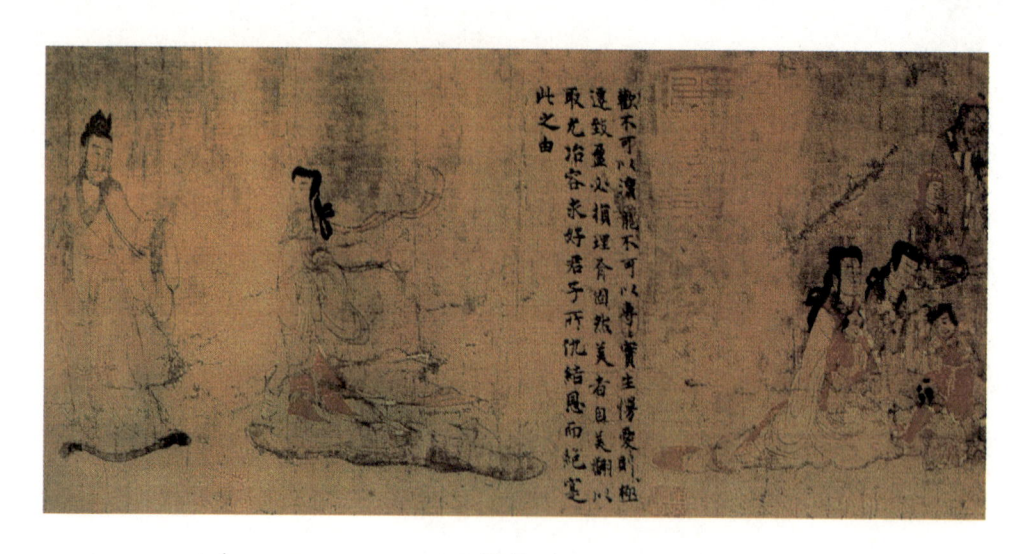

顾恺之作品

　　文学方面，顾恺之写过不少优美的赋，而且能出口成章。有一次，顾恺之从会稽回来，有人问他风景如何，他脱口而出："千岩竞秀，万壑争流。草木蒙笼，若云兴霞蔚。"这几句诗一样的语言如今已经成为千古绝唱。

　　不仅如此，顾恺之还是我国美术史上第一个认真研究绘画方法和进行绘画评论的美术理论家。他写的《魏晋胜流画赞》是我国绘画史上最早讲述"摹写要法"的文章，文中集中整理了他对一些当代著名画家的作品评论，许多精辟的见解和观点还是研究我国古代艺术的重要资料。中国美术史上最早一篇、也是唯一的一篇"绘画设计书"——《画云台山记》，也是顾恺之写成的，这篇文章对我国山水画的发展和研究具有重要的作用。

　　他也曾明白地谈到"传神写照，正在阿堵中"，提出了描绘眼睛是人物画艺术中最重要的技巧。以上都说明顾恺之代表了这一时期人物画艺术的新发展。

　　顾恺之还在《论画》一文中谈到前人所画的《小列女》《周本记》《伏羲神农》《汉本记》《孙武》《醉客》《穰苴》《壮士》

《三马》《东王公》《七佛》《北风诗》《清游池》《陈太丘二方》《嵇兴》《临深履薄》等作品,评论这些画中人物形象和神情神态。

他特别谈到:"凡画,人最难,次山水,次狗马,台榭一定器耳,难成而易好,不待迁想妙得也。"这里他指出理解对象的深入的程度以人物画要求最高,对于山水画也很重要。

痴绝

由于时间的久远,文献的散失,关于顾恺之的生平经历,人们知道的很少。关于他的生平,只保留下来一些小故事。顾恺之对一些世俗事物的率真、单纯、乐观、充满真性情的生活态度,就曾经在若干传说故事中被形容为"痴"。

顾恺之的绘画在当时享有极高的声誉。谢安曾惊叹他的艺术是"苍生以来未之有也!"

相传,有一年春天,顾恺之要出远门,就把自己满意的画作集中起来,放在一个柜子里,又用纸封好,题上字,交给一位叫桓玄的人代为保管。

桓玄收到柜子后,竟然偷偷地把柜子打开。结果,当他发现柜子里全都是精美的画作时,就把画全部取出,又把空柜子封好。等两个月后,顾恺之回来了,桓玄把柜子还给顾恺之,并说,柜子还给你,我可未动。

可当顾恺之把柜子带回家时打开一看,发现一张画也没有了。可顾恺之没有想到抓小偷,竟然惊叹道:"妙画有灵,变化而去,犹如人之羽化登仙,太妙了!太妙了!"

又有一次,桓玄非常郑重地对他说:"你看,我手中拿的这片

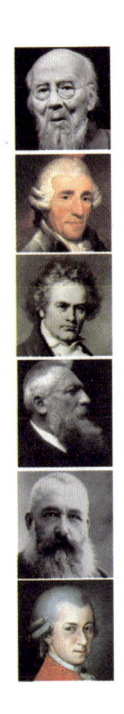

树叶,是一片神叶,是蝉用来藏身的,人拿了它,贴在自己的额头上,别人就立刻看不见你了。"

顾恺之听了特别高兴,而且特别相信。随即把那片树叶拿过来,贴在自己的额头上。过了一会儿,桓玄竟然在他面前撒起尿来,顾恺之不以为怪,还认为是因为桓玄看不见自己了,所以才有如此动作。

还有一次,顾恺之在自家院子里仰望明月,顿时诗兴大发,于是便高声吟起诗来。与他同朝为官的邻居谢瞻听到他的吟咏,就隔着墙称赞了句:"好!"可这一赞不要紧,顾恺之一时兴起,忘了疲倦,一首接一首,没完没了地吟起来。

谢瞻隔着墙陪了顾恺之一会儿,感到累了,就想回屋睡觉,于是就找了一个仆人代替他和隔墙的顾恺之继续闲聊。可人换了,声调变了,顾恺之都没有发现,就这样一直吟咏到天亮才罢休。

顾恺之像

书画自成一家——米芾

米芾是我国北宋时期著名的书法家、画家、书画理论家。他天资聪颖、人物潇洒,非常喜欢收集奇石砚台,世人送他绰号"米癫"。在书画方面,米芾自成一家,能画枯木竹石,时出新意,又能画山水,创为水墨云山墨戏,烟云掩映,平淡天真。善写诗,工书法,精鉴别,擅长书写篆、隶、楷、行、草等书体,长于临摹古人书法,达到乱真程度。米芾与苏轼、黄庭坚、蔡襄合称"宋四家",其中以他的书法成就最能代表宋代书法。

米芾自幼爱好读诗书,从小受到良好的教育,且十分聪明,敏而好学,博闻强记。6岁便能熟读诗百首,且过目成诵;8岁,始学颜真卿书法,能作大字;10岁即临名碑刻,有李北海笔意。这些记述似有夸张的嫌疑,但他确实好读书,喜书法,记忆力强,长于顿悟,书文书画无不涉足、无不精通。

虽然米芾是一个有真才实学的人,可由于他不善官场逢迎,又为人清高,因此一生官阶都不高。但这也使他有更多的时间和精力来钻研书画艺术,对书画艺术的追求到了如痴如醉的境地,

他在别人眼里与众不同的性和怪癖，也许正是他成功的基石。

米芾的书写法度从不墨守成规，恰似其人不拘礼法，不循世俗；他的书体绝无媚态，他的人亦充满傲骨；他的书法体势潇洒俊逸、大度放达，他的为人正直无私而不做作。他平生于书法用功最深，成就以行书为最大。虽然画迹不传于世，但书法作品却

米芾像

有较多留存。南宋以来的著名汇帖中，多数刻其法书，流传之广泛，影响之深远，在"宋四家"中，实可首屈一指。康有为曾说："唐言结构，宋尚意趣。"意为宋代书法家讲求意趣和个性，而米芾在这方面尤其突出，是北宋四大家的杰出代表。

而今，传世颇多的米芾书品，专集有《苕溪诗帖》《蜀素帖》《米芾诗牍》《米芾尺牍》《米芾三帖卷》《米芾二帖册》《米芾书法三种》及《米元章乐见帖真迹》等等多种。至于书轴、书幅更是不胜枚举。这些珍品，无疑是祖国文化宝库中的璀璨之珠，更是书法长廊中熠熠生辉的鸿篇巨制，他在中国书法殿堂中的影响，将永放光彩。

装癫索砚

米芾很喜欢砚台，为了一方砚台，就算是在皇帝面前也不顾

雅正。

有一次,宋徽宗让米芾以两韵诗草书御屏,实际上也想见识一下米芾的书法。只见米芾笔走龙蛇,从上而下其直如线,宋徽宗看后觉得果然名不虚传,大加赞赏。米芾见皇上高兴,随即将皇上心爱的砚台装入自己怀中,还弄的墨汁四处飞溅。他还跟皇帝说,此方砚他已经用过,皇上不能再用了,还请皇帝赐予我。宋徽宗一看他如此喜爱此砚,又爱惜其书法,不觉大笑,就把砚赐给了他。

米芾喜欢异石砚台已经到了痴迷的程度。据《梁溪漫志》记载,他在安徽做官时,听说濡须河边有一块奇形怪石。由于当时的人很迷信,都以为那是一块神石,不敢擅动,怕招来不测。可米芾十分喜欢,他便派人将其搬进自己的住所,摆好供桌,上好供品,向怪石下拜,嘴里还念念有词:我想见到石兄已经二十年了,相见恨晚。

后来,此事被传了出去,由于有失官方体面,他竟被人弹劾而罢了官。但米芾并不后悔,后来就作了《拜石图》。作此图的意图也许是为了向他人展示一种内心的不满。李东阳在《怀麓堂集》中说:"南州怪石不为奇,士有好奇心欲醉。平生两膝不着地,石业受之无愧色。"

米芾作品

从这里可以看出米芾对玩石的投入与傲岸不屈的刚直个性。大有李白"安能摧眉折腰事权贵,使我不得开心颜"的情怀,并开创了玩石的先河。

米芾练字

米芾小时候曾在私塾馆学写字,可学了三年,什么也没学成。有一天,一位进京赶考的秀才路过村里,米芾听说他写得一手好字,就跑去求教。

秀才翻看了米芾临帖写的一沓纸,若有所悟,沉思片刻后对他说:"想跟我学写字,有个条件,得买我的纸。不过有点贵,五两银子一张。"米芾一听吓了一跳,心想:"哪有这么贵的纸,这不是成心难为人吗?"秀才见他犹豫了,就说:"嫌贵就算了!"米芾求学心切,就借来五两银子交给秀才。秀才递给他一张纸说:"回去

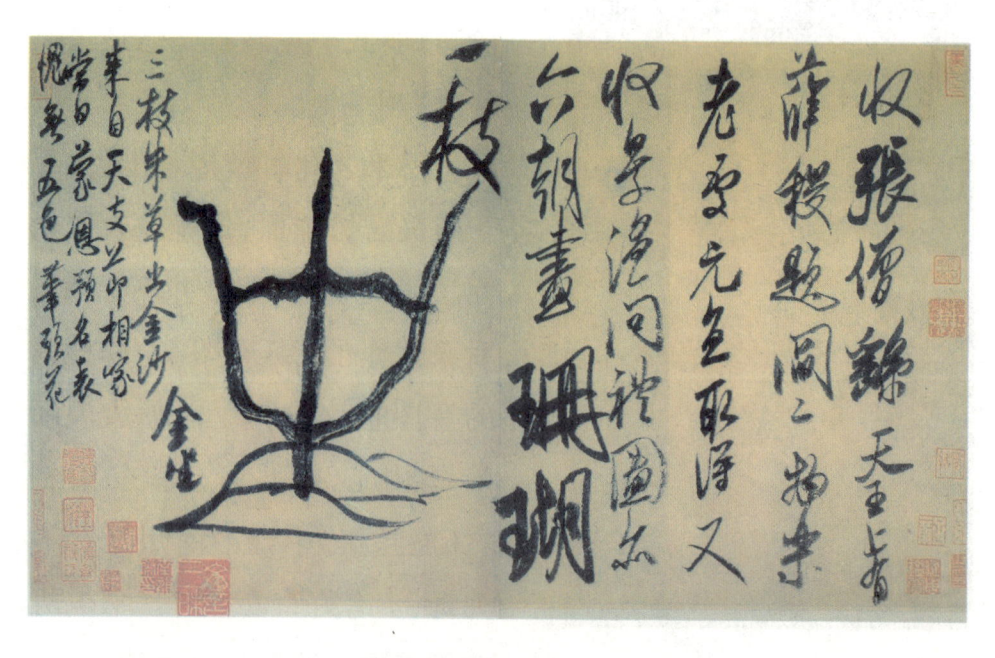

米芾作品

好好写吧,三天后拿给我看。"

回到家,米芾捧着五两银子买来的一张纸,左看右看,不敢轻易使用。于是翻开字帖,用没蘸墨汁的笔在书案上划来划去,仔细地想着每个字的间架和笔锋,就这样琢磨来琢磨去,竟入了迷。

三天后,秀才来了。见米芾坐在那里,手握着笔,望着字帖出神,纸上却一字未写,便惊讶地问:"怎么还没写?"

米芾一惊,如梦方醒,才想起三天期限已到,喃喃地说道:"我……我怕弄废了纸。"

秀才哈哈大笑,用扇子指着纸说:"好了,琢磨了三天,写个字给我看看吧!"

米芾提笔写了一个"永"字。秀才拿过来一看,这个字写得很好,比先前写的大有进步,于是问道:"为什么三年写不好,三天却能写好呢?"米芾小心答道:"因为这张纸贵,我怕浪费了纸,不敢像先前那样信笔写来,而是先用心把字琢磨透了……"

"对!"秀才打断米芾的话说:"学字不只是动笔还要动心,不但要观其形,更要悟其神,心领神会,才能写好。现在你已经懂得写字的窍门了,我该走啦。"说着,秀才挥笔在写有"永"字的纸上添了七个字:"(永)志不忘,纹银五两。"又从怀里掏出那五两纹银还给米芾,便出门上路赶考去了。

米芾一直把这五两纹银放在案头,时刻铭记这位苦心教诲的启蒙老师,并以此激励自己勤学苦练。

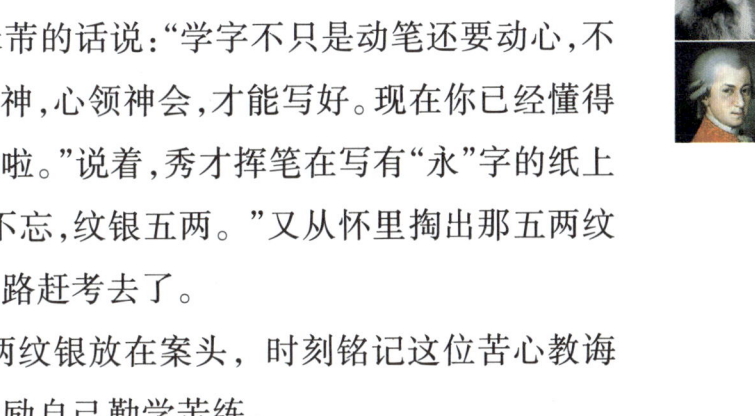

开创元代新画风——赵孟頫

赵孟頫是我国历经宋元两代的书画大家，他的一生充满了矛盾复杂与尴尬，他作为南宋遗逸而出仕元朝，对此，史书上留下诸多争议，有人还借此贬低他的书风。但客观地说，赵孟頫确实是一个博学多才的人，他能诗善文，懂经济，工书法，精绘艺，擅金石，通律吕，解鉴赏。尤其是在书法和绘画两方面成就颇高，开创元代新画风，被称为"元人冠冕"。

赵孟頫一生历宋元两朝，虽为贵胄，但生不逢时。他青少年时期面对的是南宋王朝大厦将倾的危难局面，虽然父亲官至户部侍郎兼知临安府浙西安抚使，但在赵孟頫11岁时就去世了。父亲去世后，赵家家境每况愈下，度日艰难。虽然刚成年时，赵孟頫顶替父亲任真州司户参军，可是这顶微不足道的乌纱帽没戴多久，就因南宋的灭亡而丢失。23岁正值壮志凌云之际，他却闲居家中，无所事事。

在其母亲的鼓励下，赵孟頫向当地名儒敖继学习经史，向钱选学习画法，经过十年的发奋努力，学问大进，成为"吴兴八俊"之一，闻名遐迩，达于朝廷。

元朝建立后，由于当时的民族矛盾与阶级矛盾非常尖锐，尤其江南为南宋故地，知识分子反元情绪异常热烈。元世祖忽必烈就接受了御史程文海的建议，让他到江南搜访有名望的知识分子，委以官职，借此笼络江南汉族知识分子，缓和矛盾，稳定民心。就这样，赵孟頫这个有学问的人自然成为元廷笼络的重点对象。他既盛情难却，又因此时已闲居家中多年，为生活所困，亦有施展抱负之愿，于是就告别妻小，登上北去的旅途。

刚刚入朝为官时，赵孟頫立即受到元世祖的接见。元世祖赞赏他的才华，惊呼为"神仙中人"，给予种种礼遇。然而元世祖对赵孟頫的恩宠引起许多蒙古族大臣的妒忌，而且元世祖对其特殊的礼遇也不过是出于政治上的需要而已，所以赵孟頫仅担任了一些不重要的闲职。

随着元世祖的年迈，皇室政局变幻莫测，为了躲避是非，赵

赵孟頫绘画作品

孟頫力求出任外官。赵孟頫在上任期间确实想做个好官,他平冤狱,办学校,以德感人,但仍不断遭到其他官员的陷害。

1294年,因元世祖去世,赵孟頫被召回京城。可是那时的元廷内部矛盾重重,为躲避政治斗争,赵孟顺借病回乡休养。休病江南期间。赵孟頫在江南闲居四年,无官一身轻,闲情逸致寄于山水、诗文、书画,颇感自在。他时常到山清水秀、人文荟萃的杭州活动,与鲜于枢、仇远、戴表元、邓文原等四方才士聚于西子湖畔,谈艺论道,挥毫遣兴。有时则隐居于其妻管夫人家乡德清,在东衡山麓的"阳林堂"静心欣赏文物书画,阅读前人佳篇,朝起听鸟鸣,日落观暮霭,过着与世无争的宁静生活。

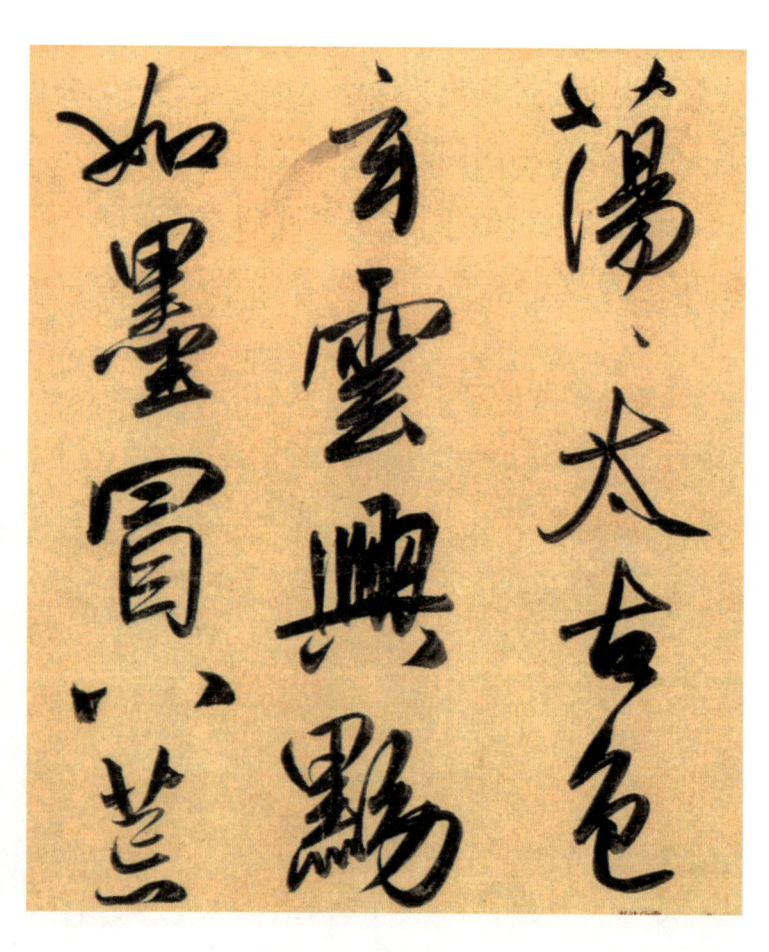

1299年,赵孟頫被任命为集贤直学士行江浙等处儒学提举,官位虽无升迁,但此职不需离开江南,与文化界联系密切,相对儒雅而闲适,比较适合

赵孟頫书法作品

赵孟頫的志趣,他一直干了11年。

1310年,赵孟頫重新被重用,在几年后达到人生事业的顶峰——他被晋升为翰林学士承旨、荣禄大夫,官居从一品,赵孟頫成了元朝文人中最为显赫的一位。

夫人的去世给晚年的赵孟頫很大打击,不仅让他的健康状况急剧下降,也让他从此彻底看破了官场的虚名,并告老还乡。1322年,赵孟頫逝于吴兴。

书画大家

赵孟頫自5岁起学习书法,到临去世前犹观书作字,几十年间从未间断,可谓对书法的酷爱达到情有独钟的地步。

赵孟頫对王羲之十分崇拜。在赵孟頫的大力倡导下,宋代以来,苏轼、黄庭坚、米芾、蔡襄"书札体"独领风骚的局面得到改观,王羲之不激不励、秀丽平正、蕴藉沉稳的平和书风得到复兴。

在"赵书"各体中,成就最大者当首推行草,传世最多,对后世影响也最大。他的行草直入右军之室,形聚而神逸,秀美潇洒,宛若魏晋名士,风流倜傥,传世《归去来兮辞》《兰亭十三跋》《赤壁赋》等作品。他的草书纵横放逸,得心应手,气韵高古,笔法精熟,却无草率之弊。

在赵氏所擅各体中,章草颇见特色。虽然赵氏之章草与汉简章草朴拙之风不同,但从文人书法角度审视,其章草则有潇洒、精巧之风,颇具创意。他所写的《绝交书》《酒德颂》等行草书中,亦融入了许多章草笔意,成为康里子山、俞和、宋克等书家秀逸章草流派之蒿矢。

综观赵氏书法,始终有遒媚、秀逸之特色。他在追取古人法

度中,不论师法何家,都以"中和"态度取之、变之,钟繇之质朴沉稳,羲之之蕴藉潇洒,献之之流丽恣

赵孟頫作品

肆,李邕之崛傲欹侧,皆能融入笔端,但华美而不乏骨力,流丽而不落甜俗,潇洒中见高雅,秀逸中吐清气。这是赵氏深厚的功力、丰富的学养、超凡脱俗的气质所致。

作为一位画家,赵孟頫提倡"古意",引晋唐为法鉴,批评南宋险怪霸悍和琐细浓艳之风。不仅如此,作为一位士大夫画家,他还一反北宋以来文人画的墨戏态度,这是十分可贵的。作为价值学原则,赵孟頫既维护了文人画的人格趣味,又摈弃了文人画的游戏态度;作为形态学原则,赵孟頫既创建文人特有的表现形式,又使之无愧于正规画的功力格法,并在绘画的各种画科中进行全面的实践,从而确立了文人画在画坛上成为正规画的地位。赵孟頫使职业正规画与业余文人画这两种原本对立或并行的绘画传统得以交流融汇,从此,一个以文人画家为主角,以建构文人画图式为主题的绘画新时代,拉开了序幕。

《秋深帖》

赵孟頫的妻子管道昇也是一位著名的书画家,她在古代女书法家中的地位仅次于王羲之的老师卫夫人。

有一天，管道昇的娘家寄来一封信，大意是说，许久未见，家人甚为惦念，希望赵孟頫夫妇能够回乡一见。可当时的赵孟頫身在官场，事务缠身，实在无法脱身。

于是，二人商量着给家人送去果脯蜜饯点心等当地特产，而赵孟頫知道夫人全家笃信佛教，于是他还为夫人的婶婶专门准备了一百条香烛作为礼物，东西准备妥当后，夫妻二人兴致很高，命人展纸研墨，回复一封家书，这封家书就是《秋深帖》。

《秋深帖》全帖为行书，其笔力扎实、体态修长，秀媚圆润，畅朗劲健。全帖一气呵成，气韵流动，只是在这末尾的落款处，字迹模糊，虽然署了夫人管道昇的名字，却一眼看得出是经过涂改的。

赵孟頫与管夫人感情至深，所以大部分专家认为，《秋深帖》应该是赵孟頫代替夫人管道昇所写。从字迹上看，《秋深帖》笔体温和、典雅，正与赵孟頫的行书特点相契合。专家推测，可能是赵孟頫代夫人回复家信，而他信笔写来一时忘情，末款署了自己的名字，发觉之后，深爱妻子的赵孟頫觉得属自己的名字不妥，所以连忙又改了过来。

这封家书究竟是谁写的呢？是赵孟頫的夫人管道昇？还是赵孟頫信笔写来署在了自己的名字之后，又涂改了呢？

当年的赵孟頫夫妇不曾想到，这一团涂改的痕迹竟为后人留下了无尽的猜想和疑惑……

文艺复兴时期的画家
——达·芬奇

达·芬奇绝对是一位出色的画家,可是如果你认为达·芬奇只是一位画家,那就大错特错了,在他的晚年时期,达·芬奇很少作画,而是潜心于科学研究。在他去世后,人们发现了大量的笔记手稿,内容从物理、数学到生物解剖,几乎无所不包。如果他的无数发明设计在当时就发表,那么足足可以让我们的世界科学文明进程提前100年。

意大利的佛罗伦萨附近,有一个美丽的海滨小镇——芬奇镇。1452年,伟大的画家列奥纳多·达·芬奇就降生在这个小镇上一个叫安奇雅诺的小村庄里。达·芬奇的父亲皮耶罗·达·芬奇是佛罗伦萨有名的公证人,所以小达·芬奇从小就生活在一个优越的环境中。

达·芬奇有一个快乐的童年。孩童时代的他聪明好学,兴趣广泛。他歌唱得很好听,而且很早就学会弹七弦琴和吹奏长笛。他尤其喜爱绘画,还经常为邻里们作画,因此有着"绘画神童"的美誉。

达·芬奇14岁的时候，父亲曾受一个贵族的委托，想要画一幅盾面画作为家族的标志。皮耶罗想看看儿子到底能画到什么程度，就让小达·芬奇试试。结果，小达·芬奇凭借自己丰富的想象力，仅用了一个月的时间，画了一个面目狰狞的美杜莎。这幅作品完成的时候，小达·芬奇请父亲来到他的房间。小家伙把窗遮去一半，将画架竖在光线恰好落在美杜莎身上的地方。当父亲走进房间的时候，一下子就看到了一张面目狰狞的脸，不由得被吓得大叫一声。小达·芬奇却笑着对父亲说："你把画拿去吧，这就是它该产生的效果。"

父亲确信小达·芬奇对有绘画有着极高的天赋，就把14岁的小达·芬奇送到佛罗伦萨，跟随著名的艺术家韦罗基奥系统地学习造型艺术。在当时，韦罗基奥的作坊是佛罗伦萨非常著名的艺术中心，经常有意大利人文主义者在这里聚会，讨论学术问题。也正是在这里，达·芬奇结识了一大批知名的艺术家、科学家和人文主义者，接受了人文主义的熏陶。到了20岁的时候，达·芬奇已经有了很高的艺术造诣。

达·芬奇眼光独到，做事干练，具有艺术家的灵魂。有一次，他在山里迷了路，走到了一个漆黑的山洞前。在后来

达·芬奇塑像

回忆这段有些恐怖的经历时，他说："我突然产生了两种情绪——害怕和渴望：对漆黑的洞穴感到害怕，又想看看其中是否会有什么怪异的东西。"而他的一生也都被这两种情绪所羁绊——对生活的不可知性或无力探知的神秘感到害怕，而又想把这个神秘的不可知性加以揭露，加以研究，解释其含义，描绘其壮观。

《蒙娜丽莎》

提到达·芬奇，人们就不能不提到他的那幅伟大的名画《蒙娜丽莎》，它代表达·芬奇的最高艺术成就，成功地塑造了资本主义上升时期一位城市有产阶级的妇女形象。

画中端坐的人物优雅，笑容微妙，人们能感受到达·芬奇力图使画中人丰富的内心感情和美丽的外形达到巧妙的结合。尤其是对人物面容中眼角和唇边等表露感情的关键部位，达·芬奇进行了精致的刻画。据考证，蒙娜丽莎的微笑中含有83%的高兴、9%的厌恶、6%的恐惧、2%的愤怒。因此，她还被不少美术史家称为"神秘的微笑"。

几百年来，人们一直对《蒙娜丽莎》神秘的微笑莫衷一是。不同的人在不同的时间去看，感受似乎都不相同。有时，人们觉得她笑得舒畅温柔，有时她似乎笑得又显严肃，有时她好像是略含哀伤，有时人们看到的甚至是讥嘲和揶揄。人的笑容主要表现在眼角和嘴角上，达·芬奇却偏把这些部位画得若隐若现，没有明确的界线，因此才会有这令人捉摸不定的"神秘的微笑"。

哈佛大学神经科专家玛格丽特·利文斯通博士说，当人们看着一张脸时，眼睛多数集中注视对方的双眼。假如人们的中央视觉放在蒙娜丽莎的双眼，较不准确的外围视觉便会落在她的嘴巴上。由于外围视觉并不注重细微之处，无形中突出了颧骨部位的阴影。如此一来，笑容的弧度便显得更加大了。不过，当眼睛直视蒙娜丽莎的嘴巴，中央视觉便不会看到阴影。因此，蒙娜丽莎

达·芬奇《蒙娜丽莎》

的笑容若隐若现,源于人们的目光不断转移。

1993年,加拿大美术史家苏珊·吉鲁公布了一项令人震惊的研究成果。她说蒙娜丽莎那微笑的嘴唇,是一个男子裸露的脊背。虽然这一论断既新鲜又荒诞,可这对于集画家、雕刻家、建筑师、工程师及科学家等多种才艺于一身的达·芬奇来说,这似乎也不是不可能的事。

达·芬奇是个左撇子,习惯从右到左倒着书写,别人要借助镜子才能读出他写的东西。因此,借助镜子亦不失为欣赏者读画的一种方法。旋转90°后从镜中看蒙娜丽莎抿着的笑唇,恰好是一个背部线条分明的结实男性脊背及左臂和肘部的一角。

几百年来,关于她神秘微笑的新解层出不穷。有人说蒙娜丽莎的笑不露齿是因为人物原型口齿不齐;有人说是因为人物原型痛失爱女,忧郁寡欢,难掩凄楚之态。

科学杂家

达·芬奇反对经院哲学家们把过去的教义和言论作为知识基础,他鼓励人们向大自然学习,到自然界中寻求知识和真理。他认为知识起源于实践,而"理论脱离实践是最大的不幸"。他提出并掌握了这种先进的科学方法,采用这种科学方法去进行科学研究,在自然科学方面做出了巨大的贡献。

在天文学方面,达·芬奇认为地球不是太阳系的中心,更不是宇宙的中心,而只是一颗绕太阳运转的行星,太阳是不运动的。达·芬奇还认为月亮并不发光,它只是反射太阳光。他的这些观点不仅早于哥白尼的"日心说",甚至提出了利用太阳能的设想。

在物理学方面,达·芬奇重新发现了液体压力的概念,指出在连通器内,同一液体的液面高度是相同的,不同液体的液面高度不同,液体的高度与密度成反比。

他还发现了惯性原理,他认为一个抛射体最初是沿倾斜的直线上升,在引力和冲力的混合作用下呈曲线位移,最后冲力耗尽,在引力的作用下呈垂直下落运动。不仅如此,这位天才还预示了物质的原子原理,并形象生动地描述了原子能的威力会"使人在无声的气息中突然死去"。

达·芬奇对于机械世界痴迷不已,水下呼吸装置、拉动装置、发条传动装置、滚珠装置、反向螺旋、差动螺旋、风速计和陀螺仪等。达·芬奇还设计了一种密码筒,这种造型古典,筒内有一个装着醋液的容器,如果强行砸烂密码筒,醋液就会流出溶解藏在密码筒里的莎草纸。如果想要打开密码筒,必须解开一个5位数的密码,密码筒上有5个转盘,每个转盘上都有26个字母,可能作为密码的排列组合多达 11 881 376 种。可见,这种密码筒的保密程度有多高!

达·芬奇还亲自解剖了几十具尸体,对人体骨骼、肌肉、关节及内脏器官进行了精确的了解和绘制。因此,他被认为是近代生理解剖学的始祖。令人惊讶的是,2005年一名英国外科医生

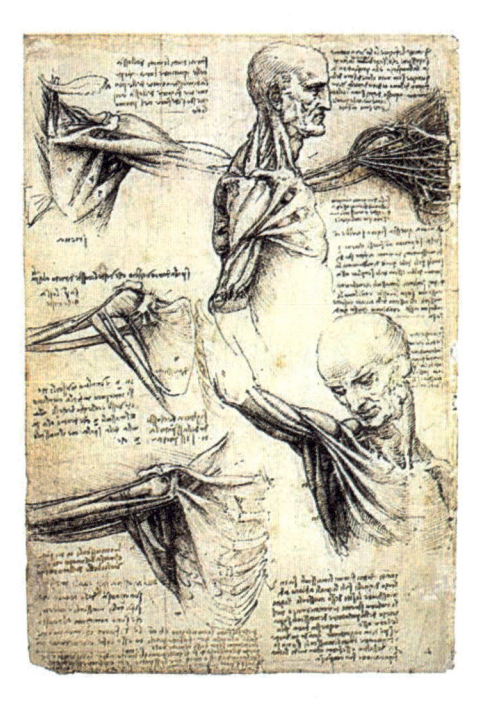

达·芬奇手稿

成功的利用达·芬奇设计的方法来做心脏修复手术。不过，由于解剖尸体在当时并不为社会所接受，因此他的研究引来了无数的诽谤。

不过，正是有了对人体的这种深入了解，达·芬奇才在手稿中绘制了西方文明世界的第一款人形机器人。这款机器人有木头、皮革和金属的外壳，利用下部的齿轮作为驱动装置，由此通过两个机械杆的齿轮再与胸部的一个圆盘齿轮咬合，机器人的胳膊就可以挥舞，可以坐或者站立。

令人意外的是，再通过一个传动杆与头部相连，头部就可以转动甚至开合下颌。而一旦配备了自动鼓装置后，这个机器人甚至还可以发出声音。

达·芬奇还利用当时他对机械动力学的研究，设计出一辆"达·芬奇机械车"。他在机动车中部安装了两根弹簧以解决机械车的动力问题。人力转动车的后轮使得各个齿轮相互咬合，弹簧绷紧就产生了力，再通过杠杆作用将力传递到轮子上。不仅如此，达·芬奇还设计了各种装置用来控制车速和刹车。

达·芬奇的研究和发明还涉及了军事领域。他发明了簧轮枪、子母弹、三管大炮、坦克车、浮动雪鞋、潜水服及潜水艇、双层船壳战舰、滑翔机、扑翼飞机和直升机、旋转浮桥等。

2008年4月26日，在瑞士西部城市帕耶讷，36岁的瑞士人奥利维耶·维耶提·特帕使用由达·芬奇设计的金字塔型降落伞，从距地面600米高的直升机上成功跳下。

追求艺术完美
——米开朗基罗

人们都把米开朗基罗与达·芬奇、拉斐尔并称为"文艺复兴三杰",可也许有人不知道,他是唯一一位站在绘画和雕刻两座艺术顶峰上的艺术家!米开朗基罗不仅属于文艺复兴那个伟大的时代,而且属于整个人类文明史。他创造的一切是人类艺术长廊中烁烁闪光的珍宝,保持着不朽的魅力!

米开朗基罗出生在意大利一位地方行政长官家里,但由于母亲体弱多病,他很早就被寄养在了一个石匠家里。也许正是这种机缘巧合,米开朗基罗的一生都与石头结下了不解之缘。

据说,母亲就要离开人世的时候,女仆在花园里找到了6岁的米开朗基罗。当

米开朗基罗雕塑作品

时，他正蹲在一堵荒弃的墙垛旁，拿着一块黑炭在白灰墙上画着各种稀奇古怪的花纹。

上学后，小米开朗基罗对绘画与雕像产生了浓厚的兴趣。13岁时，一位学画的朋友引荐他到当地知名画家吉兰达伊奥的画室里学画。仅仅一年时间，米开朗基罗就展现了他天才般的绘画艺术天赋，并很快从启蒙老师那里学来了全部手艺。以至于在一次临摹过后，吉兰达伊奥竟然把自己的画稿和米开朗基罗的搞错了，而且他也不得不承认，米开朗基罗的画稿在某些方面比自己画的还要更胜一筹。

虽然米开朗基罗在绘画方面进步飞快，可在他心底，却始终认为"雕刻才是最高的艺术"。14岁时，米开朗基罗在一个著名

米开朗基罗绘画作品

的雕塑学校学习雕刻。1496年6月，米开朗基罗并创作了《酒神巴库斯》。他成功地刻画了一个年轻酒神喝醉酒的状态，一只手端着酒杯，另一只手拿着一串葡萄，调皮的小树神藏在他的身后，正在偷偷地摘那串饱满的葡萄。

1499年，米开朗基罗创作完成了他的成名之作——《哀悼基督》，这个作品被誉为15世纪最动人的人性拥抱神性的作品。当时，很多人都来观看《哀悼基督》，却不知究竟是哪位大师的杰作，有的还说错了名字。米开朗基罗听说后，当天夜里就在圣母胸前雕刻的带子上刻了一排花体字："佛罗伦萨人米开朗基罗·博那罗蒂雕刻"。这也成了他唯一有签名的作品。

1501年，米开朗基罗返回佛罗伦萨开始了新的创作，就是被后世称为不朽之作的《大卫》雕像。3年后，米开朗基罗终于完成了这尊巨大的雕塑作品。第二天，米开朗基罗来到市政厅前，看到许多人都站在雕像周围，而石像上贴着一张张字条。他在罗马时见过这种场面，人们曾在梵蒂冈的大门上及某座雕像上张贴诗文，以表达不满。

想到这里，米开朗基罗有些紧张，他走到雕像前，索性撕下最前面的一张字条，上面写着：你给我们佛罗伦萨人带回了自尊心！"他又撕下一张："这尊大卫像是佛罗伦萨人的骄傲！"后来，佛罗伦萨人把这尊《大卫》像，当成了这座城市的象征和保护神。

1508年5月，受教皇朱利亚斯之命，米开朗基罗开始了罗马梵蒂冈西斯廷教堂的天顶画的创作。当时，他决定把《圣经》中描写上帝创造人类的那整整一章都画到西斯廷的天花板上，他的好友格兰纳齐听完他看似有些疯狂的计划吓得目瞪口呆，"你疯了，我看至少要画四十年！"可米开朗基罗说："不用！四年就

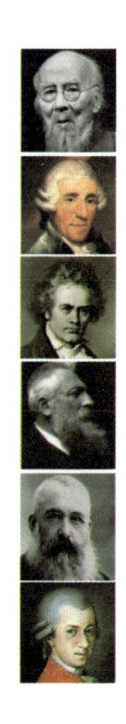

够了。"

结果，四年后的感恩节那天，教皇亲自为这组巨画揭幕。从此，西斯廷教堂一下子变成了众人瞩目的地方。

晚年的米开朗基罗仍然得不到一刻安宁，因为几乎每个新上任的教皇都要把米开朗基罗叫去为他们完成什么雕像或壁画，而西斯廷教堂那幅至今让人叫绝的壁画——《最后的审判》就是在这一时期完成的。

1564年2月18日，意大利伟大的雕刻家、画家、建筑家米开朗基罗永远地离开了这个世界，享年89岁。葬礼那天，人们发自内心地组成了一支长长的送葬队伍，佛罗伦萨的人们都来为他们自己的艺术家送葬。

雕凿人生

在文艺复兴时期，意大利雕刻家米开朗基罗用了将近3年的时间，完成了举世闻名的大理石雕刻——《大卫》。每当朋友问起米开朗基罗是如何雕凿出栩栩如生的《大卫》像的秘诀时，他只是轻描淡写地说："大卫本来就在这块大理石之内，我只是将不属于大卫的石块凿掉罢了！"

有一天，米开朗基罗刚完成一件作品，正在凝望作品沉思之际，一位朋友到访，问他在想什么。他答道："我在构思，把雕像这部分修改一下，把那部分稍加打磨，把这部分弄得柔和一些，使肌肉的线条突出一点……"

朋友不耐烦地说："这些都是小节而已！"

米开朗基罗很认真地回应说："也许你可以这样说，但请你记着，将所有小节加起来，就是完美，而完美绝不是小节！"

米开朗基罗绘画作品

正是因为注重小节，才会有如此多的完美作品可以在米开朗基罗的手下诞生。

向头号艺术家挑战

小时候，米开朗基罗的父亲希望他能够经商，或者当一位银行家。当他发现小儿子执意想当艺术家时，分外恼火，坚决反对他的想法。可这并没有打消米开朗基罗想当艺术家的决心，父

亲万般无奈之下只好让他师从佛罗伦萨的一位画家——吉兰达伊奥学艺。

吉兰达伊奥画技出众，在他那里米开朗基罗的临摹水平快速提高。不久，他让米开朗基罗转往伯特尔多处继续学画。在伯特尔多那里，米开朗基罗增长了才干，学习并研究意大利的现实主义大师的创作。

米开朗基罗又接到了佛罗伦萨政府新的工作，为政府会议厅的一面墙壁绘制壁画，而与他迎面相对的另一面墙，则委派给了另一位佛罗伦萨的巨匠达·芬奇。当时，达·芬奇已经是一位非常著名的艺术家，米开朗基罗也是一位杰出的天才。

只是，这两位艺术家无论个性、艺术风格，都是截然相反的。达·芬奇面貌秀美、举止文雅、充满理性而又天马行空、独往独来，仿佛是这个世界一个冷冷的旁观者；而米开朗基罗狂热，随时像裂石开碑般暴烈的性格，孤僻好斗，衣着邋遢，还曾因为与人打架被打断了鼻梁骨，破了相，却有着不达目的决不罢休的执着精神。

两位大师各自推出了自己的构想草图，几乎整个意大利都引起了轰动，佛罗伦萨人更是分成了二大阵营，各自为自己崇拜的大师争长论短。可是，壁画还没落笔，罗马教皇的一道旨意突然将米开朗基罗召走。不久，达·芬奇也去了米兰，一场艺术史上的世纪之争就此落空了。

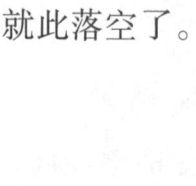

西方"现代音乐"之父——巴赫

德国大剧作家、政论家莱辛曾说:"天才即使不是生在极端贫困的阶层,也是生活在非常艰苦的阶层里。"老天好像故意要在这样的阶层里比其他阶层里出更多的天才似的。在德国著名音乐家巴赫的一生中,贫困和死亡与他如影随行。他从9岁起父母就相继去世了。当了父亲后,又痛苦地看着自己的11个孩子离去。可也许正

巴赫像

是这些经历磨砺了他,使其成为音乐史上最重要的作曲家之一。他的创作使用了丰富的德国的音乐风格和娴熟的复调技巧,他的音乐集成了巴洛克音乐风格的精华。因此,他被尊称为西方"现代音乐"之父。

巴赫出生在德国中部的一个小城镇。巴赫家庭是地地道道的音乐世家。在他出生前,他的家庭就已经在音乐界赫赫有名了。他的父亲是一位优秀的小提琴手,祖父的兄弟中有两位是具有天赋的作曲家,叔伯兄弟姐妹中有几位是颇受尊敬的音乐家。这对于本来就具有极高音乐天赋的小巴赫来说,在这样的家庭成长原本应该是十分幸运的。可人们永远无法理解命运的安排。巴赫9岁丧母,10岁丧父,只得靠兄长继续抚养。

巴赫塑像

虽然巴赫的家里存放着大量音乐资料,可无论他怎么央求,专横的兄长就是不允许他翻阅学习。没办法,巴赫只能趁哥哥外出与深夜熟睡的时候,在月光下偷偷地把心爱的曲谱一笔一画地抄下来,历时长达半年之久。

巴赫15岁时只身离家,走上了独立生活的道路。他靠美妙的歌喉与出色的古钢琴、小提琴、管风琴的演奏技艺,被吕奈堡的圣·米歇尔教堂附设的唱诗班录取,同时进入神学校学习。入学后,学校图书馆藏有的丰富的古典音乐作品像磁石一样吸引着巴赫,他全力汲取、融合着欧洲各种流派的艺术成就,并开阔了自己的音乐视野。

1703年1月,巴赫被约翰·恩斯特公爵聘用,在魏玛一个教堂担任场地音乐家。他在那里待了7个月,以优秀的键盘演奏者而出名。1703年8月,他接受了在该教堂的风琴师的职位,这个工作体面而不繁重,并且能得到一份不错的薪水。从那时起,他写了许多著名的作品。

1708年,巴赫在魏玛宫廷任风琴手。这时,虽然他的身份也很低,但是作为一个风琴师,他的地位和名声却逐渐提高。

1717年,巴赫生平第一次担任奎登宫廷乐长。由于奎登公爵非常爱好音乐,他甚至在国家支出中抽了三十分之一作为经费组成一个18个人的乐队。巴赫在奎登宫廷服务了6年,他的重要器乐创作都是这个时期完成的。

巴赫在1723年到了莱比锡这个繁荣的商业城市,并获得了圣·汤姆士教会的乐长工作。此外,他还作为其他三个教会的音乐指导。这期间,他为教堂写了许多很好的音乐作品,如有名的《约翰受难曲》《马太受难曲》等。

在莱比锡，巴赫由于用眼过度，视力减退，晚年患白内障并引起双目失明了，但他仍用口授的方式坚持创作。在逝世的前几天，他还在口授一首众赞歌——《走向主的神坛》。乐曲每一个音符都表达出老人生前最后的虔诚祈祷，最后在第二十六小节处戛然而止，成了大师的绝笔之作。

去世后才出名

尽管巴赫在生前十分渴求拥有名望，可那时连出版自己的作品都很勉强。所以，他只好将自己的作品送给朋友、同事、赞助人及其他音乐家。

巴赫去世之后，人们依然批评他的作品只有技术上的价值，在艺术上则空泛而没有表现力。因此，他的音乐难得有公开演出的机会。

幸运的是，在专门收藏巴赫作品的人中，有小提琴家、作曲家约翰·菲力普·克恩伯格和腓特烈大帝的妹妹阿玛丽亚公主。在1784年~1787年，巴赫的一个儿子为他出版了一本经过编选的赞美诗，但不包括那些具有特色的清唱剧合唱套曲。1802年，克莱门蒂携其爱尔兰弟子约翰·菲尔德赴欧洲旅行演出，他们演奏了巴赫的音乐使听众大为惊讶。菲尔德有一个伦敦的朋友将巴赫的前奏曲与赋格介绍给管风琴家塞缪尔·威斯利，威斯利被这部作品征服，称巴赫为"超人类的天才"，并从此成为巴赫的热情宣传者。1808年，他便在萨里小教堂里组织了一次巴赫音乐季演出。由上述可见，虽然巴赫的音乐并没有被人们遗忘，但也还称不上是众人皆知。

1780年代的维也纳，在腓特烈大帝宫廷中的音乐家们有一个叫施威滕男爵的朋友,他常在自己家中举行音乐晚会,演奏了许多巴赫的作品。1802年,施威滕的一个朋友福凯尔发表了一本详尽的巴赫传记,文中极尽赞扬,措辞充满了爱国主义情操。

1829年,卡尔·策尔特在别人的劝说之下公演巴赫的《圣马太受难曲》,他挑选的指挥,正是他的学生门德尔松。演出获得巨大的成功,4年之后,"合唱协会"又上演了《圣约翰受难曲》。

巴赫像

在此期间,门德尔松于1829年和1832年访问伦敦,并演出了巴赫的音乐,尤其是在圣保罗大教堂用管风琴演奏,更是赢得了一片喝彩。在往后数年中,他从前的老师伊格纳茨·莫舍莱斯继续在伦敦的音乐会上演奏巴赫的作品。

而且,由于受到门德尔松与维多利亚女王及阿尔伯特亲王之间友谊的影响,他们坚持在白金汉宫和温莎城堡里演出巴赫的音乐。

1849年,门德尔松的学生、舒曼的朋友威廉·史汤达尔·伯内特建立巴赫协会。5年后,正是该协会安排了《圣马太受难曲》在英国的第一次演出。

舒曼继续致力于巴赫全部作品的出版,直到1850年,巴赫

去世一个世纪之后，德国的巴赫协会早已在收集、编订他的作品，这个工作进行了 50 年。

音乐界的憾事

亨德尔是著名的英籍德国作曲家，他于 1685 年出生在德国中部的哈雷镇。与巴赫的出生日期只相差一个月，出生地也相距不到 13 千米，但他们却从未谋面，不能不说是音乐史上的一大憾事。其实，他们曾几次失之交臂。

亨德尔多年旅居意大利和英国，巴赫对他钦慕已久，曾两次到亨德尔的老家拜访其母。1719 年，亨德尔回德国探亲。此时，巴赫在科滕任职，距哈雷镇不到 4 千米。巴赫得知此事后，立刻跳上马车赶到哈雷镇，却扑了空 —— 亨德尔已经动身回伦敦了，真是"无缘咫尺不相逢"。

10 年后，亨德尔又回到家乡。巴赫那时有病在身，就写了亲笔信派长子威廉·弗里德曼前去邀请亨德尔来莱比锡会面，两地相距也不过 4 千米，也未如愿。多年后，亨德尔第三次返回德国，受到了隆重欢迎，可这次他那位伟大的同行已经孤寂地长眠了。

其实，两位大师除了出生时间和家乡地点相近，在其他方面有很大不同。巴赫仅受过中等教育，一生从未离开过德国。亨德尔则出生在富裕的中产阶级，一个外科医生之家，受过大学教育，先是留学于意大利，后又在英国取得成功。加上亨德尔生性傲慢，此时又誉满欧洲，对巴赫这位土生土长的音乐家多有怠慢，也是情理之中。

交响乐之父——海顿

弗朗茨·约瑟夫·海顿是维也纳古典乐派的奠基人，是世界音乐史上影响巨大的重要作曲家，被后人推崇为"交响曲之父"与"弦乐四重奏之父"。其实，无论交响曲还是弦乐四重奏都不是由他首创的，不过，这两个尊称却并不夸张，正是因为在他的培植下，这两种重要的器乐曲体裁才从草创进入了成熟阶段。

莫扎特曾说："从海顿那里我才第一次学会了写作四重奏的真正方法。"在交响曲中，他"确立了以短小动机加以动力性展开的奏鸣性发展原则，废除了数字低音的传统，以及开始确立了近代管弦乐的编制和配器原则"。这些都给予了莫扎特和贝多芬很大的启迪。

海顿像

海顿出生于奥地利南方风景秀丽的一个叫作罗劳村的地方。海顿的父亲是一个以修造马车为生的马车制造匠,母亲是个厨娘。由于父母热爱音乐,这使海顿从小就受到了音乐的熏陶。为了学习,海顿在6岁时就离开了父母去维也纳,接受教堂唱诗班的训练。

1749年的一天,奥地利女皇在欣赏唱诗班的优美合唱时,

海顿像

突然从合唱队里传出一声很不协调的怪音,女皇当场就挖苦道:"这个孩子的声音听起来就像乌鸦叫!"发出这个声音的正是海顿,他并没有生病,而是因为随着年龄的增长,他甜美的歌喉开始逐渐沙哑。于是海顿结束了他在唱诗班的生活,被迫流落街头,靠拉琴卖艺糊口谋生。

在此后的10年间,海顿当过仆人、看门人、送信、擦皮鞋,干过家庭教师,写过歌剧,当过大提琴手,任过乐队队长。虽然生活困窘,可他热爱音乐的信念从未动摇。他努力学习音乐,并因其出众的才华,最终得到了匈牙利贵族保尔·艾斯特哈齐的帮助,成为这位侯爵的宫廷乐师。尽管宫廷生活中的各种约束让他很生气,可这也让海顿的生活安定,直到晚年。他的雇主也很满意他的作品,鼓励他进行大胆的音乐实践。所以,他的绝大部分作品都是这一时期创作的,这一时期的作品听起来也总有一种宁静、乐观的感觉。

1790年,海顿的雇主去世,雇主的继承人解散了宫廷乐队,而海顿移居到维也纳。海顿随后接受了德国音乐经理人的邀请前往伦敦,加入他新组建的交响乐团及合唱团,结果获得极大的成功。听众为看海顿的演出蜂拥而来,使海顿名利双收。

后来,海顿回到维也纳,改变其作曲风格,开始写气势宏大的合唱和交响乐作品。他完成了清唱剧《创世纪》和《四季》的创作,还写了6首教堂乐作品等。尽管海顿那时已经不再年轻,可他还是对未来充满憧憬。在一封信中他写道:"在这美妙的艺术中还有那么多要做啊!"

1809年,海顿在拿破仑攻陷维也纳不久后去世。他被葬在现在的海顿公园。1820年,当人们决定把海顿的坟迁到海顿教堂

时，人们惊讶地发现海顿的头颅竟然不见了。后来经调查发现，一名头颅爱好者雇人盗走了海顿的头颅。后来，海顿的头颅几经辗转，终于在1954年被找到，经历了145年，头颅才回到了海顿的身边。

大师的友谊

海顿与莫扎特、贝多芬同被誉为维也纳古典派三大巨匠。海顿比莫扎特大24岁，比莫扎特晚去世18年。海顿不仅是莫扎特的老师，也是莫扎特在所有的音乐家中唯一的真诚朋友。

莫扎特十分真诚地把海顿看作自己的老师，海顿也诚恳地认识到此后辈的才华与天赋。人们不难看出，在海顿后来的创作中，他明显受到莫扎特风格的影响。他们二人互相学习、互相影响的故事，是音乐史上的佳话。

当年，莫扎特是在脱离了萨尔茨堡大主教的依附后，在维也纳发展的时候结识了海顿，并师从于他。海顿非常欣赏莫扎特的作品，曾对莫扎特的父亲说："我真心地告诉你：我承认你的儿子是我曾经听见过的最伟大的作曲家。海顿甚至在他写的交响

海顿塑像

曲中表明，他从莫扎特那里学习了不少东西。

莫扎特的《唐璜》在布拉格上演成功之后，布拉格请海顿也为这个城市创作一出歌剧，海顿婉辞了，他说："我不能太冒险了。我想无论何人，也不能同伟大的莫扎特相媲美。所以，我希望所有爱好音乐的人，尤其是那些有势力的人，能够认识到莫扎特不能模拟的乐曲，对他有一种深切的欣赏，如同我一般。那么各国对这一颗珠宝定要竞相夺取……当我想到如此一个独特的天才至今尚未得到一个相当的职位，我是不胜愤怒的。"

莫扎特与海顿之间的感情是如此的真挚和深厚。当海顿要去伦敦的时候，莫扎特对海顿说道："爸爸啊！您年纪太大了。而且，我知道您不懂英语，我放心不下"。

海顿回答道："不，不用担心，我还不算老，而且我的音乐文字是全世界都懂得的。放心吧。"

莫扎特含泪与他告别，并担心他们可能永远不会再见面了。最终，他的忧虑变成了现实，当海顿带着无限荣光离开英国时，曾经那样为他担心的、比他年幼 24 岁的莫扎特离开了人世。

海顿的风暴

海顿自从离开合唱团，他便开始在维也纳街头拉小提琴，并自己创作乐曲。

有一天，海顿的几个朋友决定在名叫伯纳登·柯茨的著名丑角的窗前演奏小夜曲，要海顿写个曲子。演奏时，柯茨刚好在家，他非常喜欢这个曲调，就走到阳台，问道："谁写的这样优美的曲子？"

"我写的。"海顿说。

"你写的！那就请上楼来，"柯茨说，"我有句话对你说。"

当海顿走进柯茨的房间时，柯茨给了他一些诗稿，请他写一个歌剧。

"我从未写过这样的乐曲，"海顿担心地说，"不过我可以试试。"

于是他就开始写起来。但写到海上风暴那节就卡住了。

"我从来未见过海，我怎么能把海上风暴写进乐曲呢？"海顿说。他去找柯茨，但柯茨也没有办法，因为他自己也没有见过海。

海顿走到钢琴旁边，开始试着用各种曲调来表现，但都不成功，最后他失去了信心，两手猛地向钢琴一砸，喊道："见鬼去吧！风暴。"

"就是它！就是它！"柯茨从椅子上跳了起来，喊道："就这样弹下去。"

从此，海顿的名字闻名于世。之后很多年，他为许多歌剧谱写了美妙的乐曲，但他始终忘不了第一个歌剧的"风暴"。

海顿指挥乐队演出时，常有一些故作风雅的贵族前来参加音乐会，可是他们根本不懂音乐，常在乐曲进行中打瞌睡，海顿就特意创作了"惊愕交响乐"。

开始，乐曲在极为柔和的声调中进行着，正当那些贵族们酣睡时，突然，乐队中发出惊雷闪电般的曲调，伴着还有大炮似的大鼓声，顿时把睡梦中的贵族们吓醒。他们目瞪口呆，睡意全无，不知所以，乐曲也即此结束。

无惧时代的变迁——莫扎特

在欧洲音乐史的源远长河中，自幼便显示出音乐才干者并不罕见。可像莫扎特那样的奇才，确实是再难找寻。他3岁就能在钢琴上弹奏许多他所听到过的乐曲片段，5岁就能准确无误地辨明任何乐器上奏出的单音、双音、和弦的音名，甚至可以轻易地说出杯子、铃铛等器皿碰撞时所发出的音高……如此过硬的绝对音准观念是绝大多数职业乐师一辈子都达不到的。

莫扎特祖籍德国，出生于奥地利的神圣罗马帝国时期的一位宫廷乐师的家庭。小莫扎特非凡的音乐天赋很早就已引起他父亲的欣喜与关注。有一次，父亲带一位朋友回到家中，看到4岁的儿子正聚精会神地趴在五线谱纸上写东西。父亲问他在干什么？儿子一本正经

莫扎特画像

地回答:"我在作曲。"孩子的举止使两位大人相视而笑,面对着纸上歪七扭八的音符,他们以为这不过是小孩的胡闹。然而,当细心的父亲将儿子的作品认真地看了几眼之后,忽然兴奋地对客人喊道:"亲爱的,你快来看!这上面写的是多么正确而有意义的乐曲啊!"

为使小莫扎特能迅速成长,父亲对他学习与训练极为严格,除复杂的音乐理论与演奏技能外,还有拉丁文、法文、意大利文、英文及文学和历史等。

从1762年起,在父亲的带领下,6岁的莫扎特和10岁的姐姐南内尔开始了漫游整个欧洲大陆的旅行演出。莫扎特的父亲让小莫扎特必须满足听众突如其来、异想天开的种种刁难性提议。例如,当场试奏从未接触过的技巧艰深的乐曲;按照听众临

莫扎特广场

时设想的几个低音即兴作曲，并根据指定的调性当即在用多条手帕将键盘全部蒙住的钢琴上演奏而不影响弹琴效果等。

1772年，16岁的莫扎特终于结束了长达10年之久的漫游生活，回到自己的家乡，在大主教的宫廷乐队里担任首席乐师。

虽然莫扎特是一位天才，并获得了极大的荣誉，可在大主教眼中，他不过是一个普通的奴仆，并且还是一个很糟糕的奴仆。莫扎特不得不像他的前辈海顿那样，每天在前厅的穿堂里，恭候主人的吩咐，他具有更强的自尊心和独立不羁的果敢精神。为摆脱大主教的侮辱与控制，他于1777年再次外出旅行演出，期望能找到一个落脚之处，永远离开萨尔斯堡。

可当年的神童已经长大，尽管他的才华随年龄成正比地增长，可无情的现实社会却让他四处碰壁。最终，他不得不重新回到萨尔斯堡，面对大主教更加刻薄地对待。

1781年6月，莫扎特终于在忍无可忍中与大主教公开决裂。他毅然辞职离去，成为欧洲历史上第一位公开摆脱宫廷束缚的音乐家。在当时的社会条件下，这种举动无疑极其大胆而英勇——因为，这意味着艰辛、饥饿甚至死亡。

倔强的莫扎特拒绝了父亲让他向大主教赔礼道歉的建议，选择定居在"音乐之都"的维也纳，开始了一个自由艺术家的生涯。

莫扎特是一个热爱生活、充满诗意、富于感情的人，他挚爱自己的亲人，每当他谈起父母、妻子时，脸上都不由闪现出幸福的笑容，语调也格外甜美。在神圣的婚礼仪式上，他和妻子双双落下激动的热泪。大家深受感染，都跟着一起哭了。由于他没有固定的收入，妻子康斯坦丝又不善持家理财，因而婚后的生活非常穷

困。为了维持日常的基本需要,莫扎特拼命工作——教课、演出、创作,应接不暇,永无休止。尽管如此,日子还是过得相当窘迫。

全才作曲家

音乐史书上称莫扎特为稀世之才,这一点也不夸张。虽然他英年早逝,却为世人留下了丰富的作品。其中包括20余部歌剧、41部交响曲、50余部协奏曲、17部钢琴奏鸣曲、6部小提琴协奏曲、35部钢琴小提琴奏鸣曲、23首弦乐四重奏,以及数部嬉游曲小夜曲、舞曲及宗教乐曲。

他的创作几乎涉及了音乐的所有领域,但他最重要的成就当推歌剧。莫扎特主张"诗必服从音乐"。他的歌剧具有强烈的音乐感染力,旋律非常优美、流畅自然而深情,宣叙调也富于歌唱性。不同类型的音乐,将各种人物形象、性格塑造得鲜明而生动。重唱形式被莫扎特作为安排戏剧性冲突和高

莫扎特画像

潮的重要手段。序曲简练、个性化，在音乐的性质上与全剧有了更多的内在联系。这些重要的探索，使莫扎特在德国歌剧艺术的开拓史上立下了不朽业绩。其中，以《费加罗的婚礼》《唐璜》《魔笛》最为经典。

交响乐也是莫扎特创作中的重要部分。他最有代表性的交响曲是他最后创作的三部，即降E大调、g小调和c大调交响曲。其中，《降E大调第三十九交响曲》明朗愉快、充满诗意；《G小调第四十交响曲》富有戏剧性，有海顿式的乐观主义情绪，但在技法上又完全不同于海顿，被称为莫扎特的"英雄"交响曲；《C大调第四十一交响曲》宏伟豪迈、乐观向上，预示了贝多芬的英雄性的交响曲的出现。

莫扎特的交响曲，尤其是最后创作的三首，是贝多芬之前的全部交响曲创作的最高成就。他的突出贡献在于各乐章之间的主题之间的对比性。

死亡之谜

几个世纪以来，莫扎特之死一直笼罩在重重疑云中。莫扎特的遗体在死后3天内下葬，且从未有人提出对其进行尸检。直到30年后，相关的证据及报告才被逐渐披露。即使如此，许多相互矛盾的细节或说法反而令莫扎特之死越发扑朔迷离。

有当代学者认为，是慢性肾病及其导致的继发性感染，如咽喉炎和红眼病夺去了莫扎特的生命。而美国航空航天局的一位大气物理学家则给出了另一种解释：1762～1783年，莫扎特的感染症状多出现在10月中旬和5月中旬。这是因为在纬度较高的奥地利萨尔茨堡，人体由于缺乏光照而无法合成维生素D，

这一情况可能持续达半年之久,以致莫扎特的机体免疫力下降。假如莫扎特能够及时了解"阳光维生素"的功效,并适当进行户外运动,那么他留下的传世之作将是今天的两倍。

也有人认为,莫扎特很有可能死于旋毛虫病,这种病是吃了生的或没有煮熟的含有旋毛虫包囊的猪肉而引起的。旋毛虫病的症状是四肢肿胀、发烧,并且全身发痒。在莫扎特生活的年代里,严重的旋毛虫病可以致命,而生前莫扎特也抱怨说身上很痒。

1991年,法国人类学家普奇在对莫扎特的头骨进行检测后做出结论:莫扎特可能死于头部受伤的并发症而不是大多数历史学家所认为的风湿热。普奇是根据头骨左侧太阳穴一处骨折得出这个结论的。普奇认为,莫扎特可能是偶然摔倒受伤的,这个结论也可以解释为什么莫扎特去世的前一年头疼得非常厉害的有关传言。

还有人说,莫扎特的尸体肿大,他应该是被毒死的。莫扎特生前曾对妻子说:"我活不长了;当然,有人给我下了毒!"没有任何证据表明莫扎特真的讲过这句话。最著名的阴谋论认为萨列里是下毒者。

1825年,尚健在的萨列里的一份精神病诊断报告提到,他在神志不清时曾说自己要对莫扎特的早逝负责。他说的是负责,而非投毒。但萨列里在清醒时明确否认了自己说过的话。

失去听觉的音乐家——贝多芬

贝多芬是德国著名的作曲家、钢琴家、指挥家,维也纳古典乐派的代表人物之一。他一共创作了9首编号交响曲、35首钢琴奏鸣曲(其中后32首带有编号)、10部小提琴奏鸣曲、16首弦乐四重奏、1部歌剧、2部弥撒、1部清唱剧与3部康塔塔,另外还有大量室内乐、艺术歌曲与舞曲。这些作品对音乐发展都有着深远的影响,因此被尊称为"乐圣"。可人们无法想象,这位听力逐渐丧失的优秀音乐家,是如何写出那么多优秀作品的。也许正因为他有了"扼住命运的咽喉",决不屈服的精神,才没有被失聪所征服。

路德维希·凡·贝多芬出生于德国波恩的一个贫穷的家庭。虽然他的父亲是当地宫廷唱诗班的一位

贝多芬像

男高音歌手，可他一生碌碌无为、嗜酒如命，不仅从没和家庭和气过，甚至连家人的吃穿都从未过问。贝多芬的母亲在嫁给父亲后，备受生活折磨，在贝多芬17岁时便去世了。

贝多芬从小就表现出过人的音乐天赋，他的父亲也希望小贝多芬能够成为像莫扎特那样的神童。于是，父亲开始逼着贝多芬学习钢琴和小提琴。每当演奏出现错误的时候，贝多芬的父亲就会打他的耳光。邻居们常常听见这个小孩子由于疲倦和疼痛而抽泣着睡去。

贝多芬塑像

不久，一个旅行音乐家来到这个市镇。贝多芬的父亲就请这位音乐家来家里教小贝多芬，可这位老师总是和贝多芬的父亲喝到半夜，然后把贝多芬拖下床开始上课，这一课有时要上到天亮才算完。

同样的童年，莫扎特不仅有良好的教育，还有疼爱他的家人，而贝多芬却在这样一个环境里慢慢长大。为了使他看上去像一个神童，父亲谎报了他的年龄，在他8岁时，把他带出去当成6岁的孩子开音乐会，虽然他的演奏获得了巨大成功，还被人称为第二个莫扎特。可他在这段时期中所受的音乐教育一直是非常零乱和没有系统的。

与命运抗争

12岁时，贝多芬拜师于风琴师尼福，开始学习作曲，并担任他的助手。尼福是一位具有多方面天才的音乐家，他扩大了贝多芬的艺术视野，使贝多芬熟悉了德国古典艺术的一些优秀范例，并巩固了贝多芬对音乐崇高的目的的理解。

1787年到维也纳后，贝多芬开始跟随莫扎特、海顿等人学习作曲。莫扎特听过他的演奏后，预言有朝一日贝多芬将震动全世界。他在波恩通过与知识分子勃莱宁的交往，接触到当时许多著名教授、作家和音乐家，并从他们那受到"狂飙运动"的思潮影响。他的民主思想在法国大革命前几年已臻成熟，但在革命年代中成长尤为迅速。

如果说，海顿的一生备受凌辱，虽也曾被激怒，却总是逆来顺受；莫扎特的精神上遭受的苦难并不比海顿少，可他勇于反抗，宁愿贫困也不能忍受大主教的侮辱，但在那充满阳光和青春活力的欢乐背后，往往还是可以感觉得到一丝痛苦、忧郁和伤感的情绪。只有贝多芬，他不但愤怒地反对封建制度的专制，而且用他的音乐号召人们为自由和幸福而斗争。1802年～1812年，他的创作进入了成熟时期，这段时间后来成为他的"英雄年代"。

1800年，在他首次获得胜利后，一个光明的前途在贝多芬的面前展开。可是三四年来，一件可怕的事情不停地折磨着他，贝多芬发现自己耳朵听不见了。人们很难想象一个没有听觉的人，如何继续自己的音乐之路。可贝多芬在经历了一系列打击后，从

灰暗中走出来,写出了明朗乐观的《第二交响曲》。之后更多更好的音乐在他的笔下源源不断地涌现。《第三交响曲》(英雄)、《第五交响曲》(命运)、《第六交响曲》(田园),还有优美动听、洋溢着欢乐的小提琴协奏曲,以及绚丽多彩的钢琴协奏曲和奏鸣曲。他用对艺术的爱和对生活的爱战胜了他个人的苦痛和绝望,他还把苦难变成了他创作力量的源泉。在这样一个精神危机发展到顶峰的时候,他开始创作了乐观主义的《英雄交响曲》。

在贝多芬一生的最后十年当中,他在双耳失聪、健康情况恶化和生活贫困,精神上受到折磨的情况下,仍以巨人般的毅力创作了《第九交响曲》(合唱),总结了他光辉的、史诗般的一生,并展现了人类的美好愿望。

1827年,贝多芬在维也纳辞世。在他生命的最后一刻,没有一个亲人在他身旁。可下葬时,所有的学校全部停课表示哀悼,有2万群众护送着他的棺柩,他的墓碑上铭刻着奥地利诗人格利尔巴采的题词:"当你站在他灵柩跟前的时候,笼罩着你的并不是志颓气丧,而是一种崇高的感情;我们只有对他这样一个人才可以说:他完成了伟大的事业……"

严谨的艺术

门德尔松曾经展示了一份贝多芬的手稿。在这张稿纸上,有一处改了又改,竟贴上了十二层小纸片。当门德尔松把这些小纸片一一揭开时,人们竟然发现最里面的那个音符,最初的构想竟然与最外面的那个音符,即第十二次改写的完全一样。正如当年我国北宋文学家王安石在创作"春风又绿江南岸"时为"绿"字煞费苦心一样,贝多芬为了写出更好的作品,也经常要设想过几十种方案才最终定稿。

作曲对于贝多芬而言,是一项十分艰苦的工作。他写作歌剧《费德里奥》时,为其中的一首合唱曲先后拟定过十种开头。人们熟悉的《命运交响曲》第一乐章的主题动机,也曾在他的草稿中找到过十几种不同的构想。贝多芬常常揣着笔记本,在散步时也从不忘记将突发的灵感记录下来。

贝多芬塑像

有一次,已经年老的贝多芬看到一位朋友弹奏钢琴。他认真地听了一会儿后,他问朋友:"这是谁的作品?"

"你的。"朋友回答说。

"我的?这么笨拙的曲子会是我写的?"然后又补充了一句:"啊,当年的贝多芬简直是个傻瓜!"

套用歌德评论席勒的话:"他每星期都在变化,在成长。我每次看到他时,总觉得他的知识、学问和见解比上一次进步了。"甚至曾有一段时间,贝多芬甚至想毁掉他青年时期所作的歌曲《阿黛莱苔》和《降 E 大调七重奏》(Op. 20)。这绝不是偶然的,像贝多芬这样,真可以说是"五十而知四十九之非"了。

小提琴之神——帕格尼尼

这样说也许有些夸张,但小提琴家中确实没有任何人能拥有像帕格尼尼那样巨大的声望。在同时代人的眼里,他似乎是个谜一样的奇人。因为没有人能像帕格尼尼一样把小提琴曲的感情写得那样的丰沛,也没有人能像帕格尼尼一样把小提琴曲演奏得那样的汹涌、深邃和奇妙,这位伟大艺术家贡献的巨大和独特是我们无法用词语来定义的。

帕格尼尼出生在意大利北部靠近地中海的热那亚。他的父亲是一位小商人,虽然没受过多少教育,但非常热爱音乐。在帕格尼尼3岁时,父亲就开始教他小提琴演奏技巧,后来还让他跟当地一位最有名的小提琴家学习。

幼年时的帕格尼尼就充分展现了他的音乐才能,无论什么曲子,他都立刻能轻松地演奏出来。而他的身体似乎天生就是拉琴的,他的肩膀、手肘、手腕关节异常柔软,宽大的胸脯使他不必使用肩垫及腮托,他的小脑特别发达,听觉格外灵敏,就算是用调音不准的琴,依然可以拉出准确的音。

后来,帕格尼尼师从弗朗切斯科·涅科等小提琴家,这使他的才华充分展现与发挥。从1800年开始，帕格尼尼无论到哪里演出都会获得巨大成功。据说，他父亲也是一位赌徒，有一次竟然把帕格尼尼的小提琴当作赌注给输掉了。

正在帕格尼尼为没有小提琴演出而发愁的时候，一位名叫皮厄·里沃隆的法国商人借给他一把瓜尔内里制造的名琴"卡隆珀"，这把名琴让帕格尼尼的演出大为增色，获得巨大成功。里沃隆非常感动，便把这把名琴送给了帕格尼尼，并嘱咐他不能给别人。帕格尼尼在感激之余，一生都遵守了这一约定。在他去世后，后人遵照他的遗嘱将这把小提琴交于日内瓦博物馆收藏。

在艺术上取得巨大成就的同时，帕格尼尼却一直受着疾病的折磨。他从小就受到父亲急功近利的教育方式，再加上家境的贫穷及繁重的课业，使他一直体弱多病，受病痛的折磨。46岁时，由于牙床突然长满脓疮，他只好拔掉几乎所有的牙齿。牙病初愈，又染上严重的眼疾，幼小病弱的儿子于是成了他的"拐杖"。

帕格尼尼像

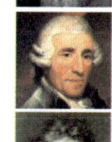

1828年以后，他的演出越来越少。过50岁后，关节炎、肠道炎、喉癌等疾病不断向他袭来，后来他的声带也坏了，无法说话，只能靠儿子按他的口型来与人沟通，可见他一生的成就来得多么不易。

52岁以前，帕格尼尼往来于欧洲各地，紧张的状态使他付出了牺牲身体健康的沉重代价。他晚年希望在法国南部的良好气候中恢复健康，却不幸陷入和天主教会的斗争中。1838年又受人欺骗，卷入一场官司，那场官司一直打到他逝世。

难以超越的成就

著名小提琴家吉特利斯曾说过："帕格尼尼不只是一个发展……先是有了前面的这些小提琴家，然后帕格尼尼就横空出世了。"

帕格尼尼为演奏家和作曲家引入了更先进的技巧，通过他的创作，极大地丰富了小提琴作品的表现力。他的音乐具有非常丰富和高难度的指法和弓法以取悦听众，并给他当时的同行们带来了挑战。虽然他的作品不被认为是完美的，甚至有人抱怨，在帕格尼尼的音乐中钢琴和管弦乐伴奏太像吉他，可帕格尼

帕格尼尼唱片封套

尼确实将小提琴的音色和色彩扩展到了前所未有的高度。

帕格尼尼可以在一个把位上用四根弦演奏出三个八度,这在今天看来简直是难以想象的。有人说,他的灵活性也许是因为一种叫作马凡氏综合症的病。马凡氏综合症的患病特征为四肢、手指、脚趾细长不匀称,因为他的指法,如双音技巧,换指八度或十度和左手拨弦在当时都被认为是几乎不可能的事情,但却是当代年轻小提琴家们的常规训练科目。

小提琴

帕格尼尼在音乐界的地位是至高的,毫不夸张地说,19世纪前半叶整个浪漫主义演奏艺术思潮的兴起是由他首先掀起的;他在器乐效果方面的创新曾经是柏辽兹和李斯特改革管弦乐和钢琴音乐的典范;舒曼将他的随想曲改编成钢琴曲;罗西尼、梅耶贝尔、肖邦、李斯特从事创作无不受到过他或多或少的影响;勃拉姆斯根据帕格尼尼的《第二十四首随想曲》的主题进一步尽意发挥地写出一首钢琴变奏曲,到了拉赫玛尼诺夫的时代,他又用同一个主题创作出一首乐队演奏的《狂想曲》。

几百年以来,帕格尼尼的作品始终没有离开过音乐会、舞

台，它们以明朗的配器、鲜明的造型和满含深情而又永葆青春的旋律使人百听不厌。

　　帕格尼尼从十几岁起就跟着许多不同的老师学习，由于自身的天赋再加上后天的努力，帕格尼尼年少成名。可也许正是因为这种成功来得太早，他没有办法妥善地处理成名后的心态，他沾染上了陋习。帕格尼尼才华横溢，风流倜傥。

　　当繁华散尽，留给帕格尼尼的是一身的债务，他被饥饿、疾病困扰着，最后甚至不得不卖掉心爱的小提琴用来艰难度日。

　　不过，帕格尼尼还算是个幸运儿，正当他穷困潦倒的时候，一个善良的人来到了他的身边，她就是荻达。荻达清楚地知道，拯救帕格尼尼的生命和灵魂，必须从挽救他的双手开始。于是，荻达将帕格尼尼接到自己的乡村别墅，在那里他又开始了学习小提琴，共学了三年。在这三年之中，荻达手把手地教会了帕

小提琴

格尼尼吉他演奏指法，使他学会了用手指拨出与长笛相似的泛音和双音。帕格尼尼似乎重新找到了手感和乐感，并创造出了小提琴演奏的新技法。

在乡村别墅静养的三年中，帕格尼尼学会了珍爱自己和他酷爱的音乐。他重新回到了自己的家乡热那亚，还在卢卡重新举办了小提琴音乐会。

1805年，帕格尼尼担任了卢加宫廷乐队小提琴独奏家。1825年后，他足迹遍及维也纳、德国、巴黎和英国，他还会演奏吉他和中提琴。

艰难的下葬

帕格尼尼有一双天赐的不可思议的手，对于一般小提琴家来说，他们必须在高把位才能用一、三指在两条弦上拉出八度音，但据说帕格尼尼可以用四根手指在四条弦拉出四个八度，这相当于在手掌弯曲状态下，食指和小指指尖要相距至少20厘米以上！

帕格尼尼的琴声也似乎有着一股魔力，他的琴声能吸引众多人来看他的演出。一名盲人听到他的琴声，还以为是乐队演奏。可当得知台上只有他一个人时，大喝一声"他是魔鬼！"随即仓皇逃走。

在帕格尼尼去世几个小时前，一个谣言正在城里扩散。谣言散播者是一位神父，他在帕格尼尼奄奄一息时还在盘问他琴里藏着什么秘密。帕格尼尼只好说："里面藏着魔鬼！"然后挣扎着去拿小提琴。

在那个科学还不是十分发达的年代，小城里的人都相信了

这个谣言,还不允许为他举行一场葬礼。没办法,帕格尼尼的朋友只得给他的尸体注射防腐剂并带回家藏起来。尸体停放两个月后,宗教当局仍不同意下葬,朋友只好把遗体公开展示以期唤醒舆论。

帕格尼尼的遗体辗转于各个港口,可每个港口所在的城市都不准他上岸,最后只好在无人的小岛上摆放了四年,后被偷运到家乡藏起来。大约30多年后,他的儿子再次和教会交涉。最终帕格尼尼的儿子只好支付了150万马克,在一个静悄悄的夜晚,让一代大师入土为安。

帕格尼尼像

古典主义音乐巨匠
——舒伯特

19世纪的欧洲音乐界群星璀璨，仿佛整个欧洲大陆沉醉在音乐的世界里。继海顿、莫扎特、贝多芬等伟大的音乐家之后，又出现了一颗灿烂的音乐新星作曲家弗朗茨·舒伯特。这位奥地利作曲家一生不过短短的31年，可他为世人留下了1 000多件作品，成为早期的浪漫主义音乐代表人物，也被认为是古典主义音乐的最后一位巨匠。

舒伯特出生于音乐名城维也纳的近郊。他的父亲是一个教区学校的校长，母亲在结婚前是一位女仆。舒伯特有15名兄弟姐妹，不过这15人当中，有10名在出生后不久就夭折了。

从5岁开始，舒伯特就随父亲开始学习音乐，6岁时开始进入学校上课。当他7岁时，师从霍尔泽教堂的乐队长迈克尔·霍尔泽学习音乐。可是霍尔泽发现，他根本教不了舒伯特，因为他要教的内容舒伯特早就会了。小舒伯特倒是从一名学徒工那里学到了更多的东西。那个学徒工曾带他去临近的一个钢琴仓库，

给他了比他贫穷的家庭所能给予的更好的乐器练习的机会。

1808年8月,舒伯特考进了皇家神学寄宿学校,并在皇家教堂童声合唱团里唱歌。在那里,舒伯特开始接触到莫扎特的序曲和交响曲。正是大量不断地接触各种各样的曲谱,以及经常去歌

舒伯特像

剧院听歌剧，为他后来的音乐造诣打下了坚实的基础。

而舒伯特的天赋也引起了当时顶级作曲家安东尼奥·萨列里的注意，萨列里决定教授他作曲和音乐理论。舒伯特早期的室内乐很有特点，后来人们知道他家在周日和节假日经常演练弦乐四重奏，他的两个兄弟拉小提琴，他父亲拉大提琴，舒伯特自己拉中提琴。

1813年底，舒伯特离开了寄宿学校，来到父亲的学校做教师。1815年，尽管有教课的工作，还要到萨列里那上课，以及生活的很多杂事，但是他的创作量高得让人难以置信。

1816年，经由一位朋友介绍，舒伯特与男中音歌唱家福格尔结识。舒伯特的歌曲经由福格尔的演唱很快地传遍整个维也纳。

两年后，21岁的舒伯特辞掉了教师的工作，开始专心从事作曲。从1823年开始，舒伯特的健康每况愈下。而当贝多芬在1827年逝世后，把他作为偶像的舒伯特更是遭受到了沉重的打击。

1828年，年仅31岁的舒伯特，由于疾病缠身，在维也纳的哥哥家中与世长辞。

丰富的作品

舒伯特拥有敏捷的思路，有人甚至形容他的歌曲是"流出来"的。据说，有一次舒伯特与朋友到维也纳郊外散步，走进一家小酒馆，见到桌上有一本莎士比亚的诗集，便拿起来朗读。忽然他问道："很好的旋律出来了，没有五线谱纸怎么办？"朋友们立即将桌上的菜单翻过来画了五条线递给他。这时舒伯特仿佛听

不到周围的喧闹,一口气写成了一首歌曲,便是著名的《听!听!云雀》。

舒伯特的创作生涯虽然短暂,却给人类留下了1 000多部音乐作品。其中除600多首艺术歌曲外,还有9部交响曲、6首序曲、9部歌剧、24首室内乐作品、21首钢琴奏鸣曲和许多钢琴及其他器乐小品等,在他的9部交响曲中,最杰出的是《b小调第八(未完成)交响曲》和《C大调第九(伟大)交响曲》。这两部作品使舒伯特作为交响乐作曲家在音乐史上放射着灿烂的光芒。

他的音乐风格独特,旋律犹如泉水般涌流不止,其强烈的歌唱性可与莫扎特相媲美;而欢快明朗的维也纳乡土气息又与海顿息息相通;他的器乐曲中宏大的组织结构,继承了贝多芬交响曲的传统。但是他的音乐风格更加奔放、富于幻想性,尤其是他那歌谣般的主题旋律和色彩性和声的使用,开创了浪漫主义音乐的崭新道路。

舒伯特生前一直受到各方面的歧视,从未被人注意,死后才得到了很高评价,成为和莫扎特、贝多芬并列的大师。他绝妙的抒情性使李斯特称他为"前所未有的最富诗意的音乐家"。

音乐的价值

舒伯特的一生贫穷潦倒,可他留给后人的音乐财富的价值却难以估量。他的歌曲形象鲜明、优美抒情、情真意切,把歌曲的表现力发展到新的高度。在欧洲音乐史上,被尊为"歌曲之王"。

然而这位天才的音乐家在生前常常饿着肚子过日子。一天,他徘徊在维也纳的街头,天晚了,饥肠辘辘的他口袋里却一分钱也没有,晚餐如何解决?他实在想不出办法。

舒伯特走进一家饭店坐了下来，可是一个分文也拿不出来，怎能点菜吃饭？他想，也许会碰上朋友或熟人进来，顺便帮一点忙吧！但左顾右盼之下，他却始终没有见到一张熟悉的面孔。正在失望之际，餐台上一张报纸中的小诗进入他的眼帘。作曲家的本能立即把他的思绪转到诗歌的意境中去。他乐思绵绵，立即便把它谱成歌曲并写了出来。

舒伯特把这首歌拿给老板看。老板从他的衣着、脸色中悟出了舒伯特的意思，便用一份土豆烧牛肉，换了他的这首歌。多年之后，这首歌的手稿被送到巴黎拍卖，竟以四万法郎起价！

这首用土豆烧牛肉换来的歌就是《摇篮曲》。自从问世以来，世界上该有多少母亲坐在摇篮边哼唱着它呢？它舒缓、亲切、深情的旋律，轻轻地催着婴儿入睡，让孩子拥抱着母爱的温暖进入梦乡，做着天使般的梦。从幼儿心理学的角度看，婴儿在这种氛围中成长，必将长得更健康、聪明可爱。所以，这首歌所产生的价值，应该是无价的，何止四万法郎。

舒伯特像

古典主义最后一位雕塑家
——罗丹

奥古斯特·罗丹是19世纪法国具有影响力的雕塑家,他是欧洲两千多年来传统雕塑艺术的集大成者,20世纪新雕塑艺术的创造者。

对于现代人来说,他是古典主义时期最后一位雕塑家,又是现代主义时期最初一位雕塑家。可以说,罗丹用他在古典主义时期锻炼得成熟而有力的双手,用他不为传统束缚的创造精神,为新时代打开了现代雕塑的大门。

罗丹生于法国一个贫穷的基督教家庭。他的父亲是一名警务信使,母亲是穷苦的平民妇女。虽然小时候罗丹其他功课的成绩很糟糕,但却对美术情有独钟。在姐姐玛丽的支持下,父亲把他送进巴黎美术工艺学校。姐姐玛丽还靠自己挣得的工钱来供给罗丹的食宿费,因此罗丹从小就深深地敬爱他的姐姐。

巴黎美术工艺学校是由画家巴歇利埃在1765年创建的。在那里,罗丹遇到了他终生敬仰的启蒙老师荷拉斯·勒考克。这位美术教员并不按照学院派的教条去讲艺术,而是鼓励罗丹忠实于真正的艺术感觉。勒考克的这种教导影响了罗丹的一生。

在学习期间，罗丹经常去卢浮宫临摹大师们的名画，可由于买不起油画颜料，罗丹只好转到雕塑班，并从此爱上了雕塑。勒考克又介绍他到当时法国著名的雕塑家巴耶那里学习。经过三年的学习后，罗丹踌躇满志，准备报考巴黎美术学院。为了帮助罗丹，勒考克还把他介绍给当时著名的雕塑家曼德隆，并让他作

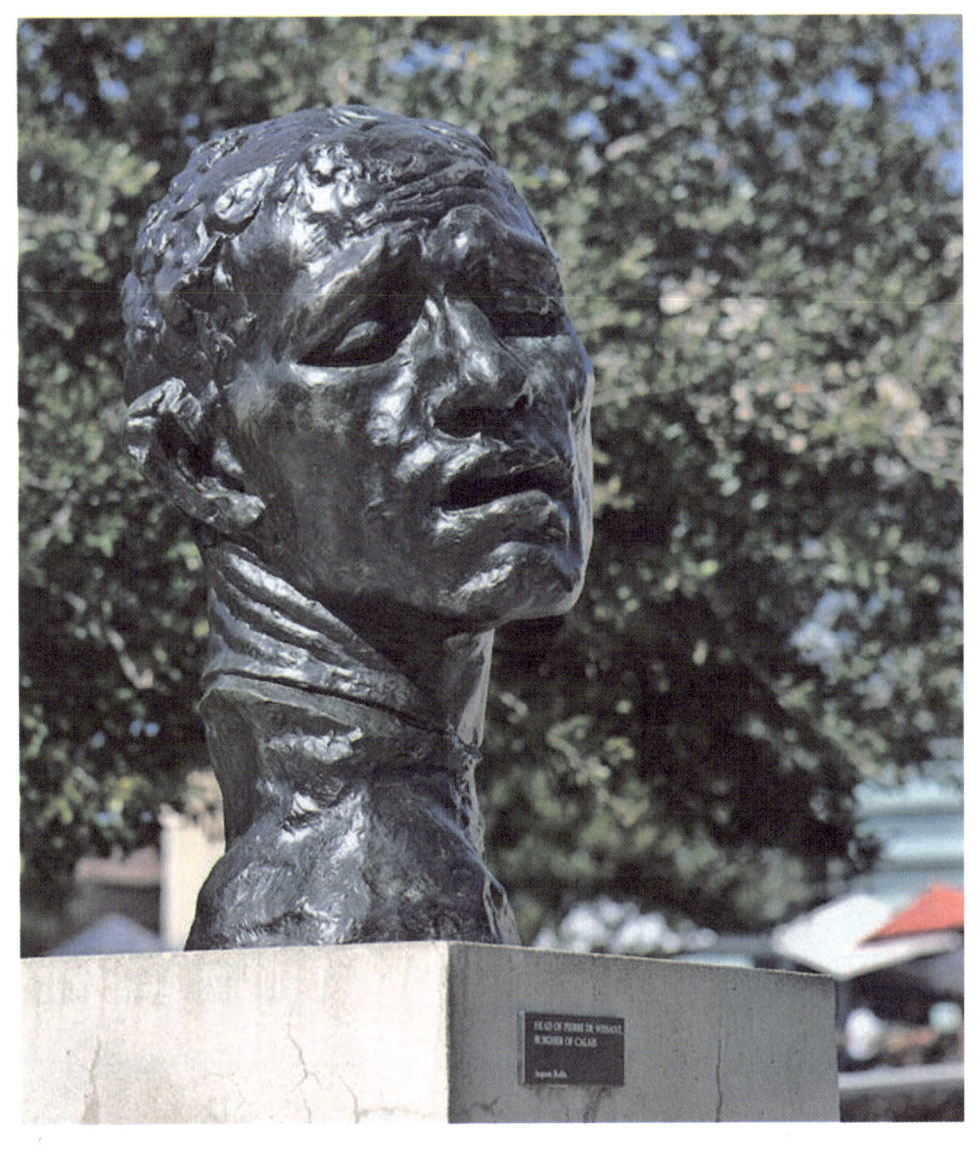

罗丹雕塑作品

为罗丹的推荐人,在罗丹的入学申请书上签字。可这些努力并没有奏效,罗丹落选了。

第二年,罗丹再次报考,结果依然落选。第三年报考时,一位年迈的主持人在罗丹的名字旁边干脆写上:"此生毫无才能,继续报考,纯系浪费。"就这样,这位日后欧洲雕塑界的巨匠竟被巴黎美术学院拒之门外。

罗丹作品《思想者》

在经过了求学失败后，一个更大的打击接踵而至——罗丹的姐姐因为失恋而进入修道院。两年后，她脆弱的精神和孱弱的身体承受不了失意和清苦的生活而得了重病，最后不幸离世。在这种双重打击下，罗丹彻底崩溃，他也进入修道院，当了一名修道士。

可是，一个艺术家激情澎湃的心是无法被平淡的修道士生活所磨灭的。他的内心很矛盾和痛苦。修道院院长看出了他的心思，就创造机会让罗丹去绘画和雕刻。当他看到罗丹的才气后，就劝说罗丹还俗，继续自己的雕塑事业。

就这样，罗丹重新回到勒考克身边，并在他的支持和帮助下，开始了边工作边自学的奋斗生涯。雇不起模特，他就请乞丐做他的模特。在乞丐的脸上，有着人类所共有的愁苦和凄凉，同时他想到了那位终生辛苦劳作的雕塑大师米开朗基罗，并深受他的启发，从而确立了现实主义的创作手法。

罗丹的《青铜时代》《思想者》《雨果》《加莱义民》《巴尔扎克》等作品都有新的创造，曾受到法国学院派的抨击。包含着186件雕塑的《地狱之门》的设计，即因当时官方阻挠而未能按计划实现，只完成《思想者》《吻》《夏娃》等部分作品。

伟大的老师

据罗丹的一位好友回忆，罗丹"常常一个人孤独地迷恋着一块大理石，对着它细细揣摩、盘算，静静地度过几个小时，直到在石料中幻视到美好形象时才动手。"大理石雕像《沉思》，就是在这种创作灵感的火花中闪现的艺术构思。可《沉思》只凿出了一个头部，没有凿出颈部、双肩和躯体，保留了下面一方块未

经多少加工的粗糙石头,令人感到迷惑。罗丹解释说:"他想集中在'沉思'这一主题上,因而除脸部神情外,要抛弃一切无关的局部。"他认为,在一些和主题无关的细节部分上加工雕琢,只会影响对主题的阐述。

裸体艺术是西方时尚,罗丹非常熟谙这些"裸体的语言",他的至理名言:"美是到处都有的。对于我们的眼睛,不是缺少美,而是缺少发现。"他认为,"美就是性格和表现,而且自然中任何东西都比不上人体更有性格。"因此,在罗丹的雕塑中,自然而然的人体占有极重要的位置。《思想者》《三个幽灵》《吻》和《永恒的偶像》等,都是用这种"语言"来宣泄人类的感情的。

平常的人总以为凡是现实中认为丑的,就不是艺术的材料。但罗丹认为,"在自然中一般人认为是丑陋的,在艺术上可以是非常美的,只要它充分表现自身的性格和思想,这种丑要比粉饰的美要好得多"。《欧米哀尔》是"化丑为美"的上乘佳作。

罗丹一生中凡是杰出的作品,在那个时代总要引起激烈的争论。尤其是他晚年创作的几件作品。罗丹创作了一系列著名文学家、艺术家雕像;如巴尔扎克、雨果、萧伯纳、莫扎特等,其中最为著名并引起极大争论的是晚期作品——《巴尔扎克像》。

罗丹的创作态度是非常严肃的,为了将巴尔扎克的精神充分表现出来,罗丹不仅重读了一遍巴尔扎克的主要著作,而且寻找并研究了有关文献资料,研究了法兰西剧院的巴尔扎克半身塑像,又到巴尔扎克的故乡都兰尼等地体现生活。

当《巴尔扎克像》于1898年在沙龙展出时,激起了广泛的社会抨击。说它是"印象主义",是怪异的、病态的表现,是脱离现实的人体的塑造形式。有的尖刻的批评者甚至把这尊雕像说成是

"麻袋里装着的癞蛤蟆"。最后，罗丹不堪忍受这种长时间的争执，毅然决定把作品运回自己的工作室，退还了稿费。可他坚信，他的这尊雕像是他一生中最重要的作品之一。

罗丹砍"手"

在法国巴黎艺术馆里，陈列着一尊巴尔扎克雕像。可奇怪的是，这尊雕像竟然没有手。那么，雕像的手到哪里去了呢？

当年，为了这尊巴尔扎克的雕像，罗丹花了很大的精力，终于在一个深夜完成了。罗丹对自己的作品很是满意，为了与别人分享自己的喜悦，同时也想让别人评价一下作品的得失，他连夜叫醒了一个学生，把学生拉到了雕像的跟前。

当睡眼蒙眬的学生来到这尊雕像前，顿时来了精神，睁大眼睛仔细地欣赏着，沉浸在和老师一样的喜悦之中。此时的罗丹不仅看着雕像，同时又用眼睛的余光看着学生。他要从学生的面部表情中搜寻他对自己作品的评价。突然，他发现学生的目光不再停留在整个雕塑上，而逐渐将注意力集中到雕像的双手上。

罗丹注意到，自从学生的目光集中到那双手上以后，就再也没离开过。学生看得太入神了，以致把老师都忘了。过了好久，罗丹的

罗丹雕塑作品

学生喃喃自语："真是太好了,太美了,我从来没有看到过这么一双奇妙的手啊！"

罗丹脸上的笑容消失了。他抿着嘴唇,在屋里踱来踱去。一会儿,便急匆匆地走回寝室,又叫醒了另外两名学生,让他们来看这尊雕像。

不一会儿,这两个学生就像前面的那个学生一样,把目光最后集中在雕像的手上。他们对老师说："雕像最成功的部分就是这双手,简直是一双栩栩如生的神奇的手。"

谁知,罗丹吼叫了起来："手！手！手！"吼完,他返回工作室,提起一把斧子,直奔雕像,噼里啪啦地砍掉了那双"完美的手"。学生们见状,全都吓坏了,他们不明白老师为什么要破坏呕心沥血塑成的雕像。

看着学生们不解的样子,罗丹大声地说："这双手太突出了,它压倒了整体,它已经不再属于雕像本身,它已经有了独立的生命。这种独立是对雕像整体形象的否定和破坏。你们一定要记住:一件真正完美的艺术品,它的任何一个部分,无论在什么时候、什么地方,都不能比整体更突出、更重要！"学生们恍然大悟,他们记住了老师的教导,记住了一条重要的艺术创作规律。

于是,我们今天看到的《巴尔扎克像》就成了一尊没有手的雕像。可是,罗丹用他富有整体感的作品,成功地展现了巴尔扎克高傲的气质和动人的风采,让人们看到了一位要用笔征服世界的伟大作家那活生生的灵魂。

印象派创始人之———莫奈

莫奈是法国最重要的画家之一，印象派的理论和实践大部分都有他的推广。他改变了阴影和轮廓线的画法，对于色彩的运用相当细腻，擅长用许多相同主题的画作来实验色彩与光完美的表达。莫奈曾长期探索光色与空气的表现效果，常常在不同的时间和光线下，对同一对象做多幅的描绘，从自然的光色变幻中抒发瞬间的感觉。莫奈一生对造型漠不关心，他关心的是正确的

莫奈作品

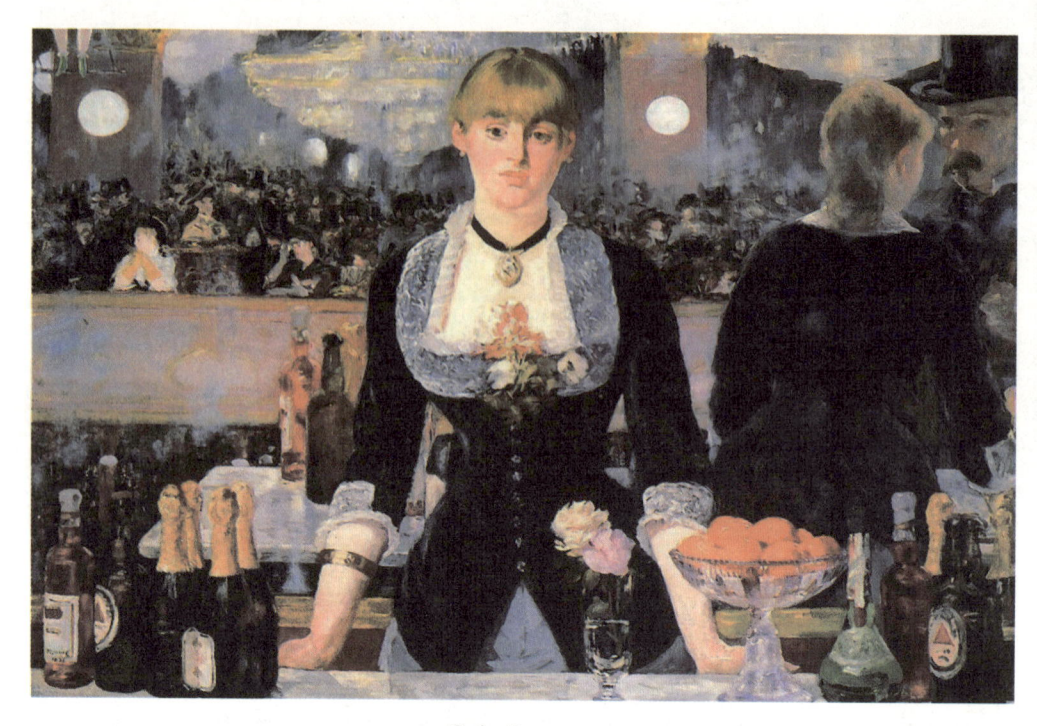

莫奈作品

层次关系。也正是因为莫奈对造型的独特理解,所以他能够轻而易举地表现出他所真实看见的事物。

莫奈出生于浪漫的艺术之都——巴黎,他的父亲希望他能够继承家里的杂货店,可在莫奈的心里,他的梦想是成为一位艺术家。

在莫奈5岁的时候,他来到父亲所在的位于法国北部的港口勒阿弗尔,并在当地就学。可小莫奈在悬崖和海边嬉戏的时间远远多于听课的时间,所以学习成绩并不理想,在班上也总是排在倒数几名的位置上。

莫奈唯一的爱好是绘画,他常常在笔记本上做素描,还常以老师和同学为对象画漫画。就这样日积月累,他倒也掌握了一些绘画技巧。虽然父母对此并不赞成,但莫奈乐此不疲。几年过后,他的漫画居然开始在文具店里展出并且出售。

15岁的时候，莫奈的作品开出的价格已经是每幅20法郎。在附近的海滩上，莫奈遇到了艺术家欧仁·布丹，他后来成了莫奈的良师益友，教授他学画油画。当莫奈来到巴黎卢浮宫时，他在那里看到许多画家在模仿著名艺术家的作品。于是，随身携带着颜料和工具的他便坐在一扇窗户旁开始画他所看到的东西。

莫奈在阿尔及利亚当了两年兵，在他服役七年的合同到期之前，因为伤寒，莫奈的姑妈将他从部队解脱出来，让他去完成大学的艺术课程。

印象派大师

1862年，莫奈在巴黎加入了夏尔·格莱尔画室。在那里，他结识了雷诺阿、巴齐耶、西斯莱等志同道合的画家，共同创造了一种新的艺术手法，即在户外和自然光线下用浓厚的油彩作画，后来被称为印象派。

1863年，与官方沙龙画展唱反调的"沙龙落选作品展"在巴黎举行，法国画家马奈展出了他的《草地上的午餐》，绘画内容不被人们接受而被扣上了"有伤风化"的帽子，受到激烈批评和嘲骂。而富有创新意识的莫奈、雷诺阿、德加、西斯莱、毕沙罗、塞尚等画家却乐意与马奈结盟。

1874年，一场标题为"画家、雕塑家和版画家等无名艺术家"的展览会在巴黎卡普辛大街的一个摄影师的工作室召开。"疯狂、怪诞、反胃、不堪入目！"这是当时巴黎一位艺术批评家的怒斥，画展迅即成为巴黎街谈巷议的话题，观众不但前往讪笑，甚至向画布唾啐。其中，莫奈所绘的一小幅海景，受讥嘲最

多。这幅名为《日出·印象》的画,被艺术观点保守的艺术评论家路易·勒鲁瓦借此画名嘲讽画展。结果,这种新出现的画派就被世人称为"印象派"。

莫奈喜欢绘制受控状态下的自然:他在吉维尼的院子和里面的睡莲,还有桥。他还画了塞纳河的上上下下,产生了如塞纳河上的冰破裂了的画作。

1883年~1908年,莫奈在地中海画了许多风景画和海景画。在意大利威尼斯,他创作了一系列重要的画作,在伦敦他绘制了两个重要的系列画作——议会系列和查林十字街大桥系列。

第一次世界大战期间,他年轻的儿子米歇尔参军,他的朋友、崇拜者乔治领导法国。莫奈绘制了一系列垂柳树以表达对法国阵亡将士的敬意。1923年,莫奈接受了两次白内障手术。可能正是因为手术,他在术后可以看到某些一般人看不见的紫外线,这会影响到他观察事物的颜色。在手术后,他甚至重新绘制了他的作品,其中的睡莲更蓝了。

如果说,从印象主义的产生、发展看,创始人非马奈莫属的话,那么真正完全实现印象主义理念和技法,并且一以贯之的当推莫奈。他将毕生精力献给了对西方画界产生了重要影响的印象主义,以他为首的一批艺术家经过不懈努力,突破了此前学院派的保守思想,极大地冲击了19世纪后半叶占据西方画坛统治地位的官方艺术,从而为掀开西方现代绘画史新的一页做出了重要贡献。应该说,莫奈是印象派画家中最先获得成功的人,尽管后来的野兽派、立体派、超现实主义等艺术流派,并未遵循印象派创立的一些原则,但创立这些流派的艺术家,都从印象派那

莫奈作品《日出·印象》

里汲取过营养。

莫奈的情感世界

莫奈19岁时来到巴黎,进入格莱尔画室后,发现与老师的艺术观点不一致,却与同学雷诺阿、西斯莱、巴齐耶结成"四好友"。不久,他和同学们离开了画室,到枫丹白露林写生。

莫奈在巴黎结识了卡米尔。这位少女清纯、窈窕,在莫奈眼中是个理想的入画女性。卡米尔如同一个神奇的精灵,赐予莫奈源源不断的创作灵感。他俩深深地相爱了。事情传到莫奈的家里,为父亲所不容,他逼迫儿子同卡米尔分手,并中断了儿子的经济来源。

莫奈和卡米尔历尽艰辛,终于在1870年结婚。婚后,莫奈常常以卡米尔为模特画肖像或作为风景画中的点景人物。《绿衣女子》《窗前的卡米尔》《穿日本服装的女子》等画作中的女性,都是以卡米尔为原型的。

莫奈有了妻室儿女后生活担子更加沉重。尽管他勤奋作画,但他的作品从1869年开始就再也不能进入沙龙了,沙龙的评选委员们将他1869年~1870年的作品全部否决。画卖不出去,没有任何收入,买不起画布,只好刮掉自己作品的颜料,再在上面作画。全家4口人常常处于饥寒交迫的状态。一次因交不起600法郎的房租,他与卡米尔带着两个年幼的孩子险些被房东赶到大街上。

卡米尔的身体原本就很羸弱,经历了与莫奈同甘共苦的那段艰辛岁月,她的健康每况愈下,又没钱医治,长期缠绵床榻,在1879年初秋的一个拂晓离开了人世。

后来莫奈再次结婚,而且与第二位妻子艾丽丝共同生活的岁月远比和卡米尔要长久得多,但他从未给艾丽丝画过像。

莫奈作品

"更有力地表现我自己"——梵高

文森特·威廉·梵高是著名的荷兰后印象派画家。他是表现主义的先驱,并影响了 20 世纪的艺术风格,尤其是野兽派与表现主义。梵高的作品,如《星月夜》《向日葵》和《有乌鸦的麦田》等,现已跻身于全球著名、广为人知与昂贵的艺术作品的行列。

让人感慨的是,梵高的画作生前得不到认可,生活潦倒落魄到要弟弟时常接济。可在梵高死后,他的价值逐渐被发现、认可,现在一幅梵高的画作价值连城。

疯狂的人生

梵高出生于荷兰乡村的一个新教牧师家庭。梵高小时候就是一个与众不同的孩子,他常爬上大树发出各种模拟声,用自己的裤子把自己倒挂在房梁上,半夜爬起来用伯父的画笔将他梦中怪景画满墙壁。

他 12 岁时,一位老师拿了他一幅画去让一位大师看。那是一张粗线条素描,所有人都看不出究竟是什么。可当这位病卧于床的 87 岁的油画大师看到这幅画时,声泪俱下地说道:"神

之作!他是谁?"

可惜,这位大师在见到梵高之前病故了。

梵高曾爱上了房东的女儿。他为她唱歌,为她倾诉,用他所有的钱为她买装饰品,为她画像,数日间她的各种神态的画像堆满了屋子并挂满了墙壁,她也确实是理解他的第一人,为他笑,为他落泪,为他向别人极力夸奖他的画……可女孩的父母并不同意二人在一起,他们赶走了梵高,还让女儿与别人订

梵高自画像

婚、完婚。

梵高在生活中屡遭挫折和失败,最后投身于绘画,决心"在绘画中与自己苦斗"。来到巴黎后,梵高结识了印象派和新印象派画家,并接触到日本浮世绘的作品。视野的拓展使其画风巨变,他的画开始由早期的沉闷、昏暗而变得简洁、明亮和色彩强烈。

1888年,梵高来到法国南部小镇阿尔勒的时候,已经摆脱了印象派及新印象派的影响。在阿尔勒,梵高想要组织一个画家社团,并邀请高更前往,但由于二人性格的冲突与观念的分歧,合作很快便结束了。

此后,梵高的"疯病"(记载是"癫痫病")时常发作,但神志清醒时,他仍然坚持作画。1890年7月,梵高与世长辞,年仅37岁。

终生的事业

梵高是一位优秀的艺术家,在他短暂的一生中留下了大量震撼人心的杰作。他曾说:"作画我并不谋求准确,我要更有力地表现我自己。"所以,人们看到的他的画作并不关注于客观物象的再现,而注重表现对事物的感受。对他来说,一切事物都具有表情、迫切性和吸引力。

梵高的早期作品受到了印象主义和新印象主义画派影响,代表作有《食土豆者》《塞纳河滨》等。在梵高厌倦了巴黎的生活后,来到了法国南部的阿尔勒,开始追求更有表现力的技巧。同时,受革新文艺思潮的推动和日本绘画的启发,他大胆地探索、自由地抒发内心感情,追求线条和色彩自身的表现力,追

梵高作品《夜间咖啡馆》

求画面的平面感、装饰性和寓意性。梵高的作品中包含着深刻的悲剧意识、强烈的个性和形式上的独特追求,一切形式都在这种精神支配下跳跃。

　　梵高的作品在很长一段时间内并不被世人所接受。在他生前,只卖出过一幅画。

19世纪末,世界正进行着一次全面的革新,人们的思想得到空前的变革,接受新事物的能力也在极大地提高。于是,梵高那较为超前的画作正好适应了人们的审美变化。

"梵高不仅是一个伟大的画家,而且是一个出色的作家与哲学家!"获得这个赞誉的时候,梵高已经去世了47年。

梵高作品

在梵高的一生中，他渴望亲情、爱情、友情，可梵高的三次恋爱都以失败而告终，这对梵高精神上产生了很大的刺激。梵高的画作得不到世人的认可，他对生活充满了不满。可当人们欣赏梵高的作品时会发现，梵高并不是真的对生活失去信心。他的画作中流露出了对世间凡俗之爱的眷恋及渴盼；表达了他对生命的理解，并且展示出了他独特的精神世界。

从梵高书信中可知，他认为郁金香只能作观赏用，向日葵则不仅能食用，也可作为马的饲料，对广大贫苦农民的生活极为重要。另外，代表爱情、信仰、忠诚的向日葵，更是太阳及生命不息的象征。这一切都说明，梵高是非常热爱生命的一个人。

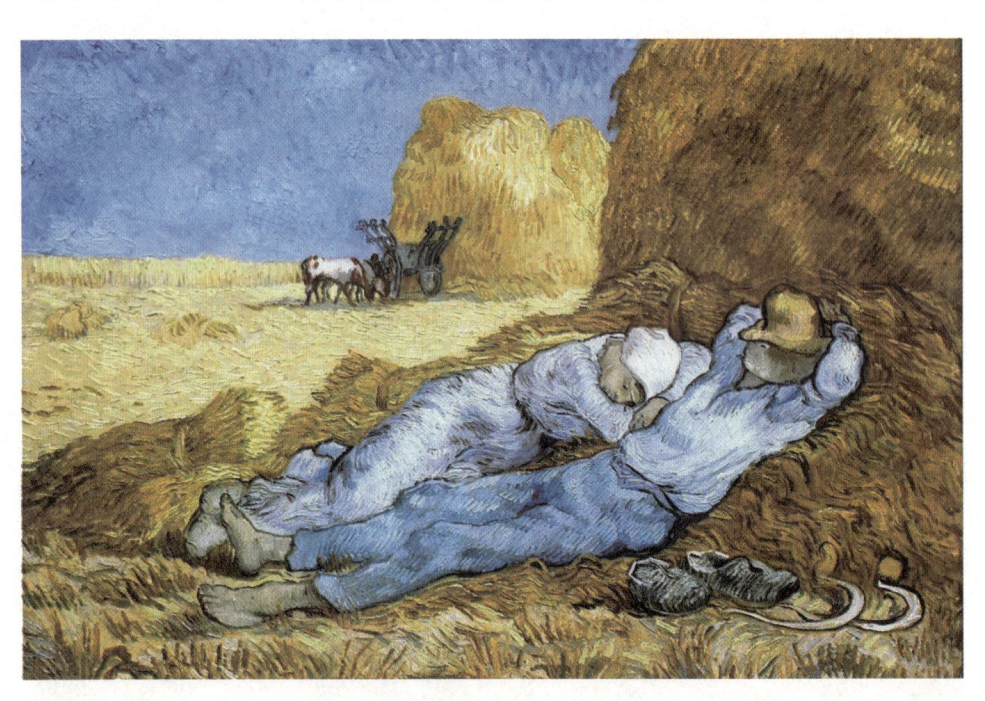

梵高作品

"不教一日闲过"的齐白石

齐白石是我国近现代国画大师。他擅画花鸟、虫鱼、山水、人物，"衰年变法"，笔墨雄浑滋润，色彩浓艳明快，造型简练生动，意境淳厚朴实。他所作的鱼虾虫蟹，妙趣横生。其书工篆隶，取法秦汉碑版，行书饶古拙之趣，篆刻自成一家，亦能诗文。

1956年，张大千曾去拜访毕加索，三次而不得接见。最后经过努力，张大千还是见到了毕加索。在会面中，毕加索拿出了一捆画，张大千一看，全是齐白石的画。

毕加索说："齐先生水墨画的鱼儿没有上色，却使人看到长河与游鱼。"他还说："我不敢去你们中国，因为中国有个齐白石。"毕加索如此评价齐白石，由此可见齐白石的绘画技艺高超。

齐白石原名齐纯芝，出生在湖南长沙府湘潭（今湖南湘潭）一户农民家中。齐白石8岁随外祖父周雨若读书，一年后因为家中贫困而辍学，在家牧牛砍柴。

齐白石后来跟着陈少蕃和胡沁园学习诗文、篆刻、书法、绘画，遂以卖画、刻印为生。中年后，齐白石曾多次游历祖国大

好河山。在诗词方面,齐白石尊樊增祥,用真心,有古民歌意趣;在制印方面取法秦权、汉印、汉碑额,豪快有力;在书法方面,学习何子贞、金冬心、李北海、《天发神谶碑》《三公山碑》,晚年参以《曹子建碑》;在绘画方面,在陈师曾支持下有"衰年变法",在博大与精微之间游刃有余,作了不少"千古绝唱"的"好文章"。

齐白齐是一位木匠出身而又诗、书、画、印无不卓绝的大艺术家,在艺术上的经历很有传奇色彩。

齐白石作品

在他27岁的时候,他还叫齐纯芝。有一天,教他画画的胡沁园老师仔细观察了他的许多画后,说:"你怎么没有别号呢?画画题款,总得有个别号,这是传下来的老规矩。"他对老师说:"学生无别号,就请老师给取一个吧。"胡老师想了想,说:"在离你家不到一里的地方有个驿站叫白石铺。白石铺虽然无名山大川,可田园风光倒也十分美好,我看你就叫白石山人吧!"旁边的人都说好。但这四个字的别号不论是写起来,还是叫起来都有些啰唆,所以在题画时,他常常只写"白石"二字,于是齐白石便成了他的名字。

爱憎分明

抗日战争时期,当时的北平伪警司令宣铁吾过生日,硬邀齐白石赴宴作画。齐白石来到宴会上,环顾了一下满堂宾客,略为思索,铺纸挥毫。转眼之间,一只水墨螃蟹跃然纸上,众人赞不绝口,宣铁吾更是喜形于色。不料,齐白石笔锋轻轻一挥,在画上题了一行字:看你横行到几时。后书"铁吾将军",然后仰头拂袖而去。

1937年,齐白石为了不受敌人利用,坚持闭门不出,并在门口贴出告示,上书:"中外官长要买白石之画者,用代表人可矣,不必亲驾到门,从来官不入民家,官入民家,主人不利,谨此告知,恕不接见。"齐白石还嫌不够,又画了一幅画来表明自己的心迹。画面很特殊,一般人画翡翠鸟时,都让它站在石头或荷茎上,窥伺着水面上的鱼儿;齐白石却一反常态,不去画水面上的鱼儿,而画深水中的虾,并在画上题字:"从来画翡翠者必画鱼,余独画虾,虾不浮,翡翠奈何?"齐白石闭门谢客,自喻为虾,并把做官的汉奸与日本人比作翡翠,意义深藏,发人深思。

齐白石对自己的门徒爱护有加。1933年,刚从学校毕业的李寄僧经潘天寿介绍,拜在北京齐白石门下深造。有一次,齐白石对李寄僧说:"你的作品中有些地方用笔太小,必须改用大

笔。"他继而又问:"你有大笔吗?"看到李寄僧摇头,他马上说:"我送你一支。"说完,齐白石带着李寄僧走到一个堆积间,里面还放着一口"寿材"。大师用凳子作垫,一脚跨到了"寿材"顶上,把靠墙木架上的几个纸包拿下来,然后选取一捆长的说:"这都是长笔,你自己挑吧。"李寄僧高兴极了,当即取了两支特大羊毫笔。那时,李寄僧虽在北平艺专任教,但由于课时不多,收入很少,如今大师送他这样贵重的好笔,可谓雪中送炭,令李寄僧终生难忘。

艺术成就

在中国艺术史上,齐白石是一位从传统走上革新的大艺术家。齐白石早年的画风极不成熟,也无自己的艺术风格与特点,他是一位大器晚成的艺术家。

齐白石晚年画风的最大特色就是满足了普通民众的审美需求,这也是时代的需求,因为社会地位的平等与自由,让普通民众也成了艺术的观众,齐白石就是顺应了这一艺术潮流的伟大艺术家。他扩大了绘画的题材,这是他最大的艺术贡献,他的写意花鸟取材广泛,可以说瓜、果、菜、蔬、花、鸟、虫、鱼,只要是天上飞的,地上跑的,水里游的,老百姓司空见惯的,耳熟能详的,他都拿来入画。这是史无前例的艺术创举,对于古代那些只以松、梅、兰、竹取材的画家而言,齐白石显

齐白石作品

然更具生活气息，画风热烈，积极、向上，可以说完全是属于人民的艺术。

在绘画颜色当中，齐白石添加了红色。将红色运用到中国绘画当中那是石破天惊的创举！因为古人，特别是文人推崇黑色，黑色代表高贵与优雅，是文人绘画的基本要素，运墨而五色具，墨的浓淡疏密就是绘画的颜色要素，文人画可以说就是水墨画。文人是反对用色的，而且特别反对用红色。而齐白石巧妙地将黑色与红色结合起来。运用红色代表了普通民众的审美要求，使用红色，代表了对传统的认识与传承。

身为一个杰出的艺术家，他继承了中国民族艺术的优秀传统，在绘画、书法、刻印上都有着非凡的成就，创造出自己独特的艺术风格。他的画无论山水、花卉或虫草，都能给人以明朗、清新、简练、生气勃勃之感，并且具有鲜明的民族特色，达到了形神兼备、情景交融的境界。其作品笔墨凝练，老笔纵横，将水墨工夫发挥到了极致。

"四绝"宗师——吴昌硕

吴昌硕是我国近现代书画艺术发展过渡时期的关键人物，是集"诗、书、画、印"于一身的一代宗师，与虚谷、蒲华、任伯年齐名为"清末海派四大家"，为"后海派"中的代表。吴昌硕虽然"三十学诗，五十学画"，但他的艺术另辟蹊径、贵于创造，最擅长写意花卉，他以书法入画，把书法、篆刻的行笔、运刀、章法融入绘画，形成富有金石味的独特画风。他以篆笔写梅兰，狂草作葡萄，所作花卉木石，笔力敦厚老辣、纵横恣肆、气势雄强，构图也近书印的章法布白，虚实相生、主体突出，画面用色对比强烈。

中年学画

吴昌硕生于浙江省孝丰县鄣吴村（今湖州市安吉县）一个读书人家，并在鄣吴村这个峰峦环抱、竹木葱茏的山村中度过了他的童年时代。小的时候，吴昌硕的求知欲很强，最初跟着他父亲念书，后来在邻村的一个私塾求学。就算每天要翻山越岭，来往十多里路，也乐此不疲。

17岁时，吴昌硕一家为躲避战乱，四处逃亡。后来，吴昌硕与家人失散，只好独自一人到处流浪。直到21岁那年，吴昌硕才回到家乡，与老父相依为命，躬耕度日。

吴昌硕很喜欢看书，为了满足日益增强的求知欲望，他常千方百计去找更多的书来读。有时为了借一本书，往往来回行数十里路，也不以为苦。正由于书籍这样难得，因此他对它非常珍爱。直到晚年，他看到一些残编断简，仍必设法加以收集和补订，慎重地保存下来，这个习惯正是在早年的艰苦条件下养成的。

吴昌硕早年就极爱钻研与篆刻、书法有关的文字训诂之学。22岁那年，在县里学官的迫促下，他勉强去应了一次考试，中了个秀才以后，就绝意不再赴考。

29岁那年，他来到人文荟萃的杭州、苏州、上海等地去寻师

吴昌硕作品

访友,刻苦学艺。由于他待人以诚、求知若渴,各地艺术界知名人士都很乐意与他交往,其中尤以任伯年、张子祥、胡公寿、蒲作英、陆廉夫、施旭臣、诸贞壮、沈石友等人与他交谊尤笃。同时,他又从知名收藏家郑盦、吴平斋等人处看到不少历代文物和名人书画真迹,临摹欣赏,摘录考据,既拓展了视野,又开阔了胸襟,学术修养有了提高,艺术造诣也大有长进。

吴昌硕对作画虽着重创新,但也不反对模仿,不过他认为取法要高。每每见到大家手迹,他必悉心临摹,吸收它的精华。所以,他能集各家之所长,然后遗貌取神,加以创造革新,以极度简练概括的笔墨来表现深邃的意境。

独特画风

吴昌硕最擅长写意花卉,受徐渭和朱耷的影响最大。再加上他书法、篆刻功底深厚,并将书法、篆刻的行笔、运刀及章法、体势融入绘画,从而形成富有金石味的独特画风。他自己说:"我平生得力之处在于能以作书之法作画。"

他酷爱梅花,经常以梅花入画,并在绘画中运用写大篆和草书的笔法。吴昌硕的墨梅、红梅兼有,画红梅时,水分及色彩调和恰到好处,红紫相间,笔墨酣畅,富有情趣。他还喜欢画兰花,为突出兰花洁净孤高的性格,他作画时喜以或浓或淡的墨色和用篆书笔法画成,显得刚劲有力。画竹时,他以淡墨轻抹竹身,以浓墨点叶,疏密相间,富于变化,以寄托感情。菊花也是他经常入画的题材。他画菊花或伴以岩石,或插以高而瘦的古瓶,与菊花形状相映成趣。晚年时,吴昌硕较多画牡丹,花开烂漫,以鲜艳的胭脂红设色,含有较多水分,再以茂密的枝叶相衬,显得生气

吴昌硕作品

蓬勃。

　　吴昌硕的作品色墨并用,浑厚苍劲,再配以画上所题写的情趣盎然的诗文和洒脱不凡的书法,并加盖上古朴的印章,融诗、书、画、印为一体,对于近世花鸟画有很大的影响。就连当时另一大画家任伯年也对吴昌硕以石鼓文的篆法入画拍案叫绝,并声称他日后必将成为画坛的中流砥柱。

　　1914年,吴昌硕寄居上海。在上海时,他住在一幢极其普通的三上三下的弄堂房子里,因此有许多友人认为这样的房屋与他当时的身份太不相称,不止一次地让他另觅新居。事实上在当时要这样做也不太难,可他总说,这与刚来上海时住的小屋子比起来,已经很好了。

吴昌硕作品

虽然是一位书画大家,但他对劳动人民的态度很亲切随和。有一次,从友人家里回来的路上遇到大雨,吴昌硕只好到一个废园中避雨。在那里,他遇到了一个卖豆浆的人,交谈之下,这个人知道他是一位画家,就要求他为自己作一幅画,他当即慨然允诺。过了几天,卖豆浆的人到他寓所里取画,他果然早已认真地为他绘了一幅,并且题了一首诗,叙述这次邂逅经过,以作纪念。

吴昌硕爱憎分明,虽然画画对他来说已不难,却也不是谁求画他都轻易给画的。有一次,靠房地产投机起家的英国冒险家哈同来到吴家,想请吴昌硕代画一张三尺立幅。

吴昌硕是个堂堂正正的中国人,平日里最憎恶的就是这些在中国为非作歹的外国人。无论哈同出多少钱,吴昌硕都不予理睬。

后来,哈同依仗自己是英、法两租界工部局的董事,一面指使人去吴家威逼恫吓，一面托当时在上海画界声望略逊于吴昌硕的吴杏芬、沙辅卿等人向吴昌硕说情。

碍于同道情面，吴昌硕便磨墨提笔画了一幅柏树图，但柏树叶子却画得比正常的要大得多。在还没题款的时候，得意扬扬的哈同就来取画了。他拿起画卷，横横直直地看了好一会儿，仍然不明其意。于是问道："先生劳神挥毫，敝人不胜荣幸之至，但不知画的何物？"

当他得知画中是柏树时，便强作笑脸问道："柏树叶子为何竟如此之大？"

吴昌硕说："不妨倒过来看看。"哈同看后说："倒过来却像葡萄。"吴昌硕佯装认真地说："我也是这个意思。"哈同不解地问："为何要倒画呢？"这时，吴昌硕忍不住笑着说："我是按照你们办事的逻辑画的，你们喜欢颠倒，把黑的说成白的，把好说成坏，当然我给你的画也只好颠倒挂了。"

一听此话，哈同真是气得满脸通红。但吴昌硕是上海首屈一指的名画家，因此也不敢向他发脾气，且这画又是自己请求的，真是自讨没趣！

"精灵舞者"——邓肯

依莎多拉·邓肯是美国著名舞蹈家,现代舞的创始人,是世界上第一位赤脚在舞台上表演的艺术家。在20世纪初的欧美舞台上,邓肯身披薄如蝉翼的舞衣、赤脚跳舞,她引起了极大的轰动。她的舞蹈与一直统治着西方舞坛的芭蕾舞大相径庭,充满了新鲜的创意。

1877年,邓肯出生于美国旧金山市一个平民之家。母亲精通音律,这使邓肯从小就接受了良好的音乐启蒙教育。邓肯的家境并不富裕,但小邓肯是一个充满勇气、崇尚自由、具有反抗精神的女孩。她自懂事起就已经开始利用自己的舞蹈天赋赚钱贴补家用了。

邓肯6岁时,有一天,母亲回到家中,发现家中聚集了一帮邻居家的小孩,而邓肯则站在中央,教他们做出各种各样的舞蹈姿势。邓肯告诉母亲说这是自己开设的舞蹈学校,母亲十分高兴,坐在钢琴前为邓肯和她的学生们伴奏。

18岁那年,邓肯带着妈妈给的25美元,加入了美国著名的达利舞蹈剧团。但没有多久,热爱自由的天性和火一样的热情让邓肯实在无法忍受古典芭蕾的种种束缚,她便指责这个舞蹈剧团在浪费她的天才,然后愤然离去。

邓肯认为:"最自由的身体蕴藏着最高的智慧。""将来的舞蹈家必须是肉体与灵魂相结合的,肉体动作必须发展为灵魂的自然语言。"为了实现自己的这个舞蹈审美理想,她第一个抛弃了流行于当时舞蹈界的古典芭蕾紧身衣和脚鞋,赤足登台,自由起舞,把舞蹈恢复到了纯真自然的境地。

终于,在邓肯21岁的时候,她的舞蹈震动了纽约的舞蹈界。当时她有着非常苗条的身材,动人且美丽,还有一头火红的头发。她的舞蹈新颖有创意,打破了古典芭蕾舞的规范。一年以后,她前往欧洲,很快便在伦敦和巴黎成名。

在此后的几年间,她先后到德国、奥地利、匈牙利等国演出。1921年,苏维埃政府邀请邓肯去苏俄,她满怀喜悦地踏上那片热土,并受到热烈欢迎。不久,她同苏联诗人叶赛宁结婚。

1927年9月14日,邓肯在法国尼斯发生车祸,并不幸去世。

邓肯的表演

舞蹈才女

邓肯凭其对舞蹈的理解，对原创性与自由的要求，以独创一格的舞蹈，结合后来女性主义者强调的个人表达和女性主张的社会责任于一身。邓肯认为女性是万物之精华，是大地之母，她赞叹女性身体的精妙，为此创造了无与伦比的优雅的舞蹈，并找到了人体与音乐的最佳结合形式，成为"现代舞之母"。也正是邓肯，让女性真正领悟到舞蹈的原意，让女性得到首肯与赞美。

邓肯的表演，放弃了传统的舞衣，改穿宽松裙袍，赤双足，自由摆动，既看不见身体的曲线，也省去了芭蕾舞鞋引带的婀娜。邓肯是把浑身的自由糅合到舞动的身体里去了，那是人体最自然不过的事。此举也重新界定了女性美，不囿于传统的标准。

赤足的邓肯，的确给20世纪的美国舞蹈界带来了一股有力的冲击。舞蹈史家的描述是这样的：邓肯整个身体在舞动，并把心灵安置其中，不墨守成规，也不落俗套。

邓肯像

邓肯的舞蹈，还表达了不少20世纪初西方正在萌芽的多种进步思想，包括现代化的观念和女性的解放。她认为美不仅在外表，也是人与自己、与社会中的他人及宇宙的和谐状态，因而舞蹈是社会、政治，也是宗教。

舞蹈史家认为，她对个人表达的追求是20世纪初美国自由主义者的写照，对抗的日益标准化、一致化、机械化和物质化的社会，因而邓肯参与的也是文化上的改革，集艺术、性别、个人和大众于一身的解放。单就她挑战舞蹈的传统一举，不论在艺术上选择的内容是什么，已是一篇以身体实践解放的独立宣言。

邓肯不仅是一位划时代的舞蹈家，而且是一位罕见的才女，读过她撰写的《邓肯自传》的人，一定曾为她那渊博的才学而拍案叫绝。它记录了邓肯为舞蹈争得与其他各门艺术的平等地位而奋斗的一生，这也说明了"四肢发达，头脑简单"并非真是舞蹈艺术的秉性。她的舞蹈思想与舞蹈实践通过这部自传更是传遍了世界各地。

几十年前，林语堂先生在读邓肯的这本自传（英文原本）时说："我们读这本书，如同看见一位天才女子的兴奋、热诚、沮丧、悲哀、苦笑、血泪。这是邓肯晚年的哀歌，也就是一切理想家的哀歌。"

"就是没有圣诞老人"

在邓肯小时候，有一次学校里举行圣诞节联欢，老师一边向同学们分发糖果、蛋糕，一边眉飞色舞地说："瞧，这些礼物都是圣诞老人给你们带来的！"可当老师走到邓肯面前的时候，邓肯忽然站起来，十分庄严地说："你说的话我不信，根本就没有

什么圣诞老人！"

老师一听这话，十分不高兴，还把眼一瞪说："糖果只发给相信圣诞老人的小孩。"

可邓肯的回答更干脆："那我不要你的糖果。"

邓肯的倔强惹恼了老师，他一把揪住邓肯，让她在墙角罚站。

虽然小邓肯乖乖地站在那儿，可还是不停地回过头来大声嚷嚷："就是没有圣诞老人！就是没有圣诞老人！"

邓肯像

最后，无可奈何的老师只好打发邓肯回家了。

面对这次受到的不公正待遇，邓肯始终愤愤不平：老师不仅不给我糖果，还严厉地惩罚我，不全是因为我说了真话吗？

回到家，邓肯把这件事一五一十地对母亲讲了，还反问母亲："妈妈，我说得不对吗？没有圣诞老人，是吗？"

母亲抚摸着女儿柔软的头发，以坚决而又亲切的口气答道："是的，没有圣诞老人，也没有上帝，只有你自己的灵魂和精神才能帮助你。"

现代艺术创始人——毕加索

与一生都穷困潦倒的梵高不同,毕加索的一生可谓辉煌之至——他是有史以来第一个亲眼看到自己的作品被收藏进卢浮宫的画家。在一家法国报纸进行的一次民意调查中,毕加索以40%的高票当选为20世纪最伟大的十个画家之首。

毕加索出生于西班牙,从小就有很高的艺术天赋,他会做惟妙惟肖的剪纸,还能创作绘画作品。左邻右舍都对他称叹不已,称他为天才。可这个"天才"却不是一个优秀的学生,因为刻板的教学对于他来说简直就是折磨,所以听课时他不是漫无边际地幻想,就是看着窗外的大树和鸟儿。

就连老师都不喜欢这个呆呆的孩子,还经常在毕加索父母面前反映毕加索的在校情况,毕加索的母亲听了觉得无脸见人,可毕加索的父亲仍然坚定不移地相信儿子在绘画方面是很有天赋的。他经常对儿子说:"不会算术并不代表你一无是处,你依然是个绘画天才。"

小毕加索在父亲的鼓励下找回了一些自信,而事实也证明了父亲的话是正确的,因为毕加索总是似乎毫不费力地绘画出

才华横溢的图画。作为一个"坏学生",毕加索经常被学校关禁闭,禁闭室里只有板凳和空空的墙壁,这对别的学生来说可能是痛苦的事,可是毕加索却很高兴。因为他可以带上一叠纸,在那里自由地画画。在父亲的支持下,毕加索每天都沉浸在想象的天地里,虽然功课不好,但他却在绘画的天地里找到了快乐。

1891年,毕加索的父亲被任命为拉科鲁尼亚省立美术学院的人物画和装饰画教授,全家随之搬迁。那时的毕加索已经开始在绘画上有所创新和突破,开始打破传统的构图模式和绘画格局。他的画不像父亲那样拘谨呆板,而是显示了过人的创造力。

例如,他在1893年创作的一幅画,画的是涂了黄色的粉红色小房子,户外的光线是明亮的白光,天空鲜明地浮着阴云。画面栩栩如生,色彩明快。在拉科鲁尼亚的日子,是毕加索美术生涯的真正开始。在这里,他的创作风格已见雏形,即创造性和现实性的高度结合。

艺术探索

从1900年至1903年的这段时期,他的创作被称为"蓝色时期",也是他第一次形成自己的风格。

之所以称其为"蓝色时期",是因为毕加索在这个时期的作品从背景到人物全都是蓝色,可以说,蓝色主宰了他一切作品。那时候的蓝色,是贫穷和世纪末的象征,于是作品多表现一些贫困窘迫的下层人物,画中的人物形象消瘦而孤独。有人认为,毕加索会采用蓝色作为主调是受法国画家莫奈和卡里埃的影响,认为这种色调加强了画面中的诗意成分,可也有人认为,毕加索之所以偏爱蓝色是因为它代表着忧郁。无论怎样,毕加索正是在这片"蓝色的海洋"里开始走上他的成功之路的。

1904年,毕加索来到法国巴黎,并在那里定居。他改变了之前的蓝色风格,随之而来的是柔和的粉红色调。那种暖洋洋的、娇滴滴的玫瑰红色代替了空洞抽象、沉重抑郁的一片蓝色。青春和爱情活生生地出现在画面上,人物形象往往是一些富有青春美或是魁梧的人。"玫瑰红时期"就这样开始了,毕加索的油画进入了完全新的世界。

毕加索作品

毕加索像

1906年，毕加索为文学家斯坦因画肖像。这幅《斯坦因画像》是毕加索从"玫瑰红时期"跃入"立体主义时期"的跳板，即受到原始艺术的影响，也注意了几何学的基本形，画中的手是写实的，而脸却似土著面具式的形象。

斯坦因曾为这幅肖像做了八十次模特，最后还是在没有模特的情况下，毕加索独自润色此画。朋友们看了完成作后大吃一惊，都指责所画人物根本不像斯坦因。毕加索说："这有什么关系呢？最后她总会看起来跟这幅画一模一样的。"斯坦因很感激地收下这幅画。数十年过后，评论界一致认为，这幅画与女作家的内在气质是一致的。

此后，毕加索的创作经历了古典时期、超现实主义时期、蜕变时期、田园时期……就这样，毕加索一直处于一个又一个探索时期，他的作品和他的生活一样没有丝毫的统一、连续和稳定。他没有固定的想法，而且花样繁多，或激昂或狂躁，或可亲或可憎，或诚挚或装假，变化无常、不可捉摸，但他永远忠于的是自由。

世界上从来没有一位画家像毕加索那样以惊人的坦诚之心和天真无邪的创造力，以完全彻底的自由任意重造世界，随心所欲地行使他的威力。他不要规定、不要偏见，什么都不要，又什么都想要去创造。

他在艺术里程上没有规律可循，从自然主义到表现主义，从古典主义到浪漫主义，然后又回到现实主义。从具象到抽象，来来去去，他反对一切束缚和宇宙间所有神圣的看法，只有绝对自由才适合他。

成就另类艺术

毕加索的著名作品有《和平鸽》《格尔尼卡》等。他的画，就算是看了说不出所以然的人也会跟着全世界喝彩。要是遇到其他什么人画的看不懂的画时，就会说一句："这是毕加索。"不管你欣赏也罢，不欣赏也罢，画笔、木头、陶泥、石料，到了他手里，做出来的作品就别具一格，韵味十足。

1937年4月26日，西班牙巴斯克省的历史名城——格尔尼卡在西班牙内战的混乱中遭到德军的突击，全城被炸的一片狼藉，死伤数千人。这一事件激起了毕加索强烈的愤怒，因为他一想到德军对一个不设防的小村庄竟然进行这样残暴的轰击，就义愤填膺，于是开始动手绘制《格尔尼卡》。

《格尔尼卡》没有飞机、炸弹、坦克、枪炮，只有牛、马、女人、灯等物体，然而它的意义已经超越了表象。毕加索把象征性的战争悲剧投入蓝色调中，那浅青、浅灰在黑色调的对照中表现正义的极点，它聚集了残暴、痛苦、绝望、恐怖的全部意义。

毕加索对于他的作品经常保持沉默，希望给予观赏者自由的体验空间，但是对于《格尔尼卡》这幅作品他曾解释其画作中的牛、马和以生气勃勃的线条绘出的手的涵义，以及西班牙神话中那些象征的起源的涵义。他说："牛代表残暴，马则代表人民。不错，我在那画里用了象征主义，但并不是在其他画里都这样做……""那幅画是存心向人民呼吁，是有意识的宣传……"

因为这幅巨画是毕加索为以进步、和平为主题的巴黎万国博览会的西班牙馆所绘制，并且曾到英国、美国等其他国家巡回展览，引发了全世界热爱自由、拥护民主人士的共鸣，同时在画家声明要将该画捐赠给结束佛朗哥政权后的西班牙之种种动作下，使得该画的意义很快就超出了单纯事件的抗议范畴，而成为政治斗争中的一种文化示威，甚至成为文化对暴力的一种对抗。

用幽默批判现实——卓别林

1914年2月7日,一个头戴圆顶礼帽、手持竹手杖、足蹬大皮靴、走路像鸭子的流浪汉夏尔洛出现在影片《威尼斯儿童赛车记》中。这一形象不仅成为卓别林喜剧片的标志,风靡欧美20余年,更几乎成了喜剧电影的代名词,之后不少艺人都以他的方式表演。

卓别林的影片反映了他对下层劳动者寄予深切同情,对资本主义社会的种种弊端进行辛辣的讽刺,并对希特勒进行了无情的鞭笞。卓别林在1972年被授予奥斯卡终身成就奖,并被称赞"在本世纪为电影艺术做出不可磨灭的贡献"。

卓别林出生于英国伦敦南部地区的一个演艺家庭,父母都是艺人。在卓别林还不到一岁的时候,卓别林的父母就离婚了。卓别林从小就由母亲带大,和父亲比较陌生。卓别林还

卓别林

有一个同母异父的哥哥,名叫雪尼。

卓别林的母亲是一位有名的喜剧演员,赚的钱足够养活一家,所以在卓别林5岁以前,家境还是比较殷实的。可自从母亲的嗓子哑了以后,家里就越来越穷困。他的父亲因长期酗酒患病,导致不能登台表演,赡养费也就不能按时给。

卓别林的母亲失业后,兄弟两人被送入伦敦兰贝斯区的一个少年感化院。几周后,他们又被送入一个收养孤儿的学校。卓别林12岁时,父亲因酗酒去世,母亲患精神病,最后被送入精神病院。

7年后,卓别林离开了孤儿学校,成了一名流浪儿。他当过报童、杂货店伙计、玩具贩、医生的佣人、吹玻璃的工人,还在游艺场扫过地。

早年的贫困生活并没有打倒卓别林,还启发了他后来创造流浪汉的艺术形象。17岁时,卓别林进入了当时非常有名的卡尔诺剧团。在这里,卓别林遇到了使他终身受益的良师卡尔诺,正是卡尔诺把卓别林带进了喜剧的最高行列。

揭露与迫害

1912年10月,卓别林随同卡尔诺哑剧剧团来到美国。到了美国后,卓别林的演出非常轰动,以至于引起美国电影制片商的兴趣。当时,启斯东公司的老板赛纳特一眼相中了这个来自异国他乡的青年,卓别林开始了向往已久的演员生活。

卓别林在启斯东公司扮演过各种各样的角色,但多半都是凶狠的、轻浮的、散漫的、狡猾的和丑陋的角色。这些人物符合启斯东的"理想",却与卓别林独具一格的喜剧手法很不协调。卓别林曾回忆说:"我并不很喜欢自己的早期影片,因为在这些影片中我很不容易控制住自己。一两块奶油蛋糕飞到人的脸上,也许还有点逗趣,可是,如果整个喜剧性仅仅依靠这种办法,那么影片马上就会变得单调而索然寡味了。也许我并没有能够一贯做到实现我的意图,不过,我是一千倍地更喜欢用一种俏皮的姿态,而不愿用粗鄙和庸俗的行为去赢得笑声。"

渐渐地,卓别林从早期的滑稽电影中摆脱出来,转而将严肃的题材和喜剧片的传统手法非常巧妙地结合起来。1918年,卓别林拍摄了《狗的生涯》。在这部影片中,卓别林用深思代替了嬉笑,用忧郁代替了嘲弄。通过这部影片,他放弃了滥用的低级趣味,而以发人深省的笑代替了纯生理的笑;用同情的微笑代替哈哈大笑。当影片中的"夏尔洛"露宿街头,处处受辱时,当他从职业介绍所碰了壁狼狈地走出来时,他茫然地看见门口的几只狗正在争夺一块骨头。这辛酸的一笔正是他残酷人生的真实写照,也是童年卓别林的真实写照。

提出的问题更为尖锐深刻的片子是《摩登时代》。贪得无厌的资本家为了追求利润,不顾工人死活,无限增加工人的劳动强度,甚至异想天开地发明"吃饭机",连工人短短的午饭时间也不放过。由于夏尔洛整天在传送带旁操作,机械地重复拧螺丝的单调工作,因而精神失常,被送进医院,然而等病治好了,他却失业了。这部影片不仅

卓别林

思想内容深刻,而且在演技上也达到炉火纯青的地步。

卓别林还拍摄了谴责战争贩子和军火商的《凡尔杜先生》,片中描写银行小职员凡尔杜忠心耿耿地干了二十年,受尽剥削,在一次经济危机中被"踢"出银行,为了养家糊口,被迫走上了犯罪道路。卓别林借用凡尔杜的嘴说:"杀了一个人就说这人是罪犯,杀了几百万人却说他是英雄。在这个世界上,只要有权势就能获得成功……"

为此,《凡尔杜先生》在美国许多大城市被禁映。1952年9月,为参加欧洲各国举行的《舞台生涯》首映典礼,当他带着家眷乘轮船横渡大西洋时,收音机广播中传来了美国政府司法部的声明,声明说政府将拒绝卓别林再入境。

1953年初,卓别林的妻子回到美国,卖掉了卓别林在美国的全部财产,并把他的手稿、影片等珍贵资料运往瑞士。从此,卓别林在瑞士日内瓦湖北岸、风景优美的维薇镇定居下来。

1977年12月25日,88岁高龄的世界杰出的喜剧大师与世长辞。

周总理与卓别林

1954年5月,中国总理周恩来以中国代表团的名义宴请当时的英国外交大臣艾登、苏联外长莫洛托夫、世界著名喜剧大师卓别林等人。当时,卓别林正在遭受美国当局的迫害,在瑞士政治避难。接到中国的邀请,他愉快地按时赴会,并受到周总理的特别关照。

宴会上,周恩来总理与卓别林相谈甚欢。卓别林说他非常喜欢中国的茅台酒,还幽默地说:"我非常喜欢这样的烈性酒,因为这是真正男子汉喝的酒！"周恩来总理大笑起来，特地让人又拿来一瓶茅台赠送给他。卓别林得到这件珍贵的礼物，情不自禁地站起来表演了一些独特的滑稽走路动作，引来阵阵笑声。卓别林表演完节目，又看着中国一名厨师做的北京烤鸭，毕恭毕敬地敬了个礼，又引来一阵笑声。周总理请他坐下尝尝烤鸭，卓别林却摇摇头说："我这个人对鸭有特殊的感情，所以是不吃鸭肉的！"

周恩来总理听了忙问他原因，卓别林神情庄重地解释说："我所创造的流浪汉夏洛尔，他走路时令人捧腹大笑的步态，就是从鸭子走路的神态中得到启发的。为了感谢鸭子，我从此就不吃鸭肉了。"

结果大家信以为真，忙由衷地表示歉意。不料，卓别林又以独特的滑稽口吻改口道："不过，这次是例外，因为这不是美国鸭！"

宴请结束时，周恩来总理特意询问今晚的中国饭菜是否合他的胃口，卓别林竖起大拇指："中国的烤鸭果然名不虚传，食味之好可以说举世无双！"卓别林还风趣地说："就是还有一个小小的缺点，没能让我吃够！"卓别林说罢有点儿不好意思。周总理善解人意，马上让工作人员把准备好的烤鸭拿来两只，亲手交到卓别林手中。卓别林喜出望外，连声道谢。

卓别林

享有国际声誉的大师——梅兰芳

梅兰芳是我国近代杰出的京剧表演艺术家,是"四大名旦"之首。梅兰芳的唱腔婉转清丽,扮相端装,身段优美,堪称旦角一代宗师。

梅兰芳不仅创立了以自己为代表的梅派唱腔,更以自己精湛的表演艺术,赢得了同行和观众的认可,突破了京剧诞生以来就以老生为主角、挂头牌的传统,创造了生旦并挂头牌甚至旦行独挂头牌的新局面。他是旦行挑班第一人,他第一个大胆地创排新戏,并取得成功。

梅兰芳出生于艺术世家,他的祖父梅巧玲,是19世纪中国著名的京剧演员,兼擅青衣花旦,被列为"同光十三绝"之一。父亲梅竹芬,也是一位多才多艺的京剧演员,可惜英年早逝。伯父梅雨田是一位出色的京剧器乐家,号称"六场通透",即所有场面上的乐器都能拿起来伴奏,他长期给谭鑫培伴奏。从小受到的艺术熏陶,为梅兰芳在京剧艺术方面的开拓发展奠定了基础。

梅兰芳父母早逝,依靠伯父伴奏的收入来维持生活。他8岁开始学艺,11岁登台演出,其间他除学青衣戏外,还学了花旦戏、武功、昆曲等。同时，他还看戏，用心比较、琢磨前辈艺术家们的艺术精华。

除演戏练功外，他的业余爱好十分广泛，特别喜欢养鸽子、养花和书法绘画，而这些爱好对他提高表演艺术起了很大的作用。他认为，京剧的服装色彩、化装、脸谱、舞台装置都和美术的关系密切，最好自己能画。

1913年～1914年，两次赴上海演出，并与老画家吴昌硕结下了忘年之交，于是开始了绘画生活。

1913年11月，梅兰芳第一次和王凤卿应邀去上海演出。上演了一二本《虹霓关》，开创了在同一剧目中一人演两个不同行当、不同扮相、不同演法的先例。《枪挑穆天王》轰动了大上海。

1914年秋冬，梅兰芳再次应邀赴上海演出，增加了《贵妃醉酒》等剧目，历时45天，场场爆满，盛况空前。曾以22万多张票，当选为"伶界大王"。

梅兰芳回到北京后，开始创作《一缕麻》等反对封建包办婚姻、揭露官场黑暗的时装新戏，对推动京剧艺术的革新和发展起了不小的作用。

1915年4月～1916年9月，梅兰芳编演了11出新戏，同时还整理和上演了许多传统戏，如《宇宙锋》《花木兰》《考红》等。

梅兰芳

1921年,他编写的《霸王别姬》,刻画了一个善良、有见识、富有感情而又坚贞不屈的虞姬形象。此剧后来成为梅派保留剧目中比较优秀的一个。

他集京剧旦角艺术的大成,综合青衣、花旦、刀马旦的表演特点,创造出自己特有的表演形式和唱腔——梅派。后来被誉为京剧"四大名旦"之一。

梅兰芳是我国著名的京剧表演艺术家。他工青衣,兼演刀马旦。他扮演的旦角扮相端丽,唱腔圆润,台风雍容大方,被称为旦行一代宗师。为了演好戏,他刻苦学习昆曲、练武功,广泛观摩旦角本工戏和其他各行角色的演出。在长期的舞台实践中,他对京剧旦角的唱腔、念白、舞蹈、音乐、服装、化妆等各方面都有所创造发展,并形成自己的艺术风格,世称"梅派"。他与程砚秋、尚小云、荀慧生并称"四大名旦",梅居其首。

梅兰芳还是第一个把中国戏剧带到外国去演出的艺术家,最早把中国戏剧介绍给世界剧坛的戏剧家,在促进我国与国际文化交流中,立下了不朽的功勋。1951年后,当时外宾到中国旅游,往往向外交部提出三点要求:一是观光长城;二是浏览颐和园;三是访问梅兰芳。

从20世纪20年代初到他去世前,梅兰芳曾先后三次访日,一次访美,四次访苏,一次访朝,数次游历欧美亚各国,把中国人民的情谊带给了世界人民,使中国的民族瑰宝京剧跻身于世界戏剧艺术之林。以梅兰芳为代表的中国戏曲表演艺术与俄国的斯坦尼斯拉夫斯基、德国布莱希特的戏剧艺术,并称为世界三大戏剧表演体系。

从抗战胜利重返舞台到逝世,是梅兰芳艺术生涯的最后阶段。这一阶段他的演出虽然不多,但对人物塑造更富于内在魅力,艺术达到炉火纯青的最高境界。代表剧目有京剧《洛神》《霸王别姬》《廉锦枫》《天女散花》《麻姑献寿》《西施》《宇宙锋》《贵妃醉酒》《抗金兵》《梁红玉》《穆桂英挂帅》

梅兰芳精美扮相

等,昆曲有《思凡》《闹学》《游园惊梦》等。他的《游园惊梦》《贵妃醉酒》《断桥》等均已拍成电影。

梅兰芳还是一位伟大的爱国人士,在民族危难的岁月里,梅兰芳表现了人民艺术家高尚的民族气节和可贵的爱国主义精神。他的伟大成就为我国京剧艺术跻身于世界戏剧之林,高居巅峰做出了巨大的贡献。

进军好莱坞

1930年2月,36岁的梅兰芳来到美国百老汇第四十九街戏院演出。虽然他为这次赴美演出做了长达六七年的精心准备,可梅兰芳的心里依然忐忑不安——中西方文化差异这么大,纽约人能看懂中国古老的京剧吗?而此前不久,美国第一大报《纽约时报》就曾刊文为梅兰芳的演出开始喝倒彩了。演出能成功吗?

演出的时间到了,戏院中的灯光逐渐暗淡,一阵清亮悦耳的

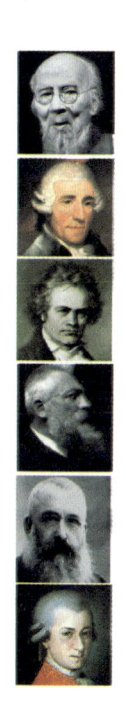

东方管弦乐之后,台上的舞幕拉开了:绚丽的中国红缎湘绣幕布呈现在观众的眼前,在灯光的照耀下,愈发显得光彩夺目。

乐声一停,后帘内幕闪现出一个个身着华丽彩服的东方美人。蓝色的丝织长裙显出梅兰芳曼妙的腰身、光滑细腻的肌肤、纤细柔软的兰花指、标致漂亮的脸蛋……偌大的舞台,聚众人目光于一身。

美国观众震惊了,纵然语言不通,可他们全然沉浸在剧情里,时悲时喜,或哭或笑……直到锣鼓声响,台上绣幕忽然垂下,大家才苏醒过来,疯狂地鼓起掌来。直到梅兰芳出来谢场五次后,人声才逐渐安静下来。戏虽然演完了,可人们久久不愿离去,都想再多看一眼台上那个婀娜多姿的女人,所以热烈地鼓掌。换了长袍马褂的梅兰芳只得又走到台前,这下人们惊呆了,诧异了,刚刚还是仪态万千、柔声细语的女子,转眼变成了俊朗儒雅、风度翩翩的男士。

梅兰芳在美国的首演获得了巨大的成功。纽约百老汇第四十九街大戏院的黑市票一度卖到20多美金。在鲜花展销会上,有一种花被命名为"梅兰芳花"。一位女士在3个星期内连看了16场梅兰芳的演出,仍然意犹未尽。听闻梅兰芳那年正好36岁,她便特意买了36株梅树种在自家的花园里,并请梅兰芳破土,

青年梅兰芳

还把那块地命名为"梅兰芳花园"。在纽约,掀起了一股疯狂的"梅兰芳热"。

原计划在纽约演出两周的梅兰芳不得不把时间增至五周。梅兰芳所到之处,没有警车前导就不能举步。随后他又前往华盛顿、芝加哥、旧金山、洛杉矶等地,沿途所受欢迎的程度盛况空前。

梅兰芳

爱国精神

梅兰芳曾有一笔演出的收入,在赴港演出时存入了香港的银行。可返回上海后不久,日寇统治下的香港就将这笔高额存款全部冻结,无法取出。那时,梅兰芳已经息影,全家一直靠这笔钱的利息过日子,这钱被冻结了,全家如何生存成了梅兰芳日夜思考的难题。

他问夫人该怎么办?夫人说:"报纸登出了何香凝女士卖画谋生的消息,我们不妨也来学她。发挥你的绘画才能,卖画度日如何?"

其实,梅兰芳早有这种念头,只是怕夫人不同意,就没有说。现在夫妻两人意见一致,就立刻着手构思,用了不到八天的时间,画了20多幅鱼、虾、梅、松。当市民们得知这一消息后,竞相购买。不到两天,20多幅画就全部卖完了。

这件事后,上海文艺界、新闻界、企业界反响十分强烈,许多

知名人士提出要为梅兰芳办画展,梅兰芳得知后特别兴奋,又画了几十幅作品,面交主办者安排。主办人员选定重阳节在上海展览馆展出,请梅兰芳夫妇届时光临剪彩仪式。

可这个消息被日伪汉奸知道了,他们就派来一群便衣警察,提前进入展览大厅大做手脚,前来参观的许多群众见状纷纷离开。

梅兰芳看见门口冷冷清清,觉得很奇怪。可当他走进展厅后,他竟然发现每幅画上都用大头针别着纸条,上面分别写有"汪主席订购""周副主席订购""冈村宁次长官订购"……还有一些写着"送东京展览"。

梅兰芳夫妇目睹此景,气得两眼冒火,立即拿起桌上的裁纸刀,刺向一幅幅图画。"哗!哗!哗!"几分钟内图画化为碎纸。

梅兰芳毁画举动,很快传遍大江南北。

上海当局的报纸抢先发布头号新闻,言称:"褚部长目瞪口呆,一场画展一场虚惊!"宋庆龄、郭沫若、何香凝、欧阳予倩发表声援讲话,称赞梅兰芳民族气节凛然,为世人所敬仰。广大群众也纷纷寄来书信,支持梅兰芳的爱国行为。

梅兰芳艺术造型

震惊巴黎艺术界的徐悲鸿

徐悲鸿是我国著名的现代画家、美术教育家。他曾留学法国学习西洋绘画，擅长人物、走兽、花鸟，主张现实主义，强调在国画中融入西画技法，讲究画作的光线、造型，并对画作对象的解剖结构、骨骼有准确把握。与此同时，徐悲鸿还强调作品的思想内涵。他对当时中国画坛影响很大，所作国画彩墨浑成，尤以奔马享名于世。

徐悲鸿出生于江苏省宜兴县的一个平民家庭，原名徐寿康。他的父亲是一位私塾先生，能诗文，善书法，还自习绘画，常应乡人之邀作画，谋取薄利以补家用。

6岁时，徐寿康跟着父亲读四书五经，9岁正式跟着父亲学习绘画。10岁就能帮着父亲在画面的次要部分填色敷色了。为了接济家用，他13岁时就跟着父亲辗转于乡村镇里，以卖画为生。17岁时，他就先后在家乡三所学校担任图画教师。

有一次，徐悲鸿到一个亲友家去吃喜酒，许多富家子弟都穿着绸缎，徐悲鸿却因穿了一件布大褂而遭人的奚落。从此他愤世

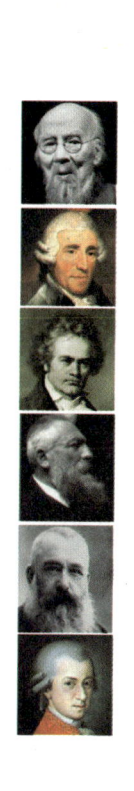

嫉俗,立志不穿绸衣。为了能在社会上谋生立足,他想进洋学堂读书,但父亲拿不出钱。他向别人借钱,可是谁也看不起这个穷小子。这些世人的白眼让他深感前途渺茫,世态炎凉,不禁悲从中来,犹如鸿雁哀鸣,遂改名为徐悲鸿。

20岁时,徐悲鸿来到上海,开始了新的人生。在友人的帮助下,徐悲鸿考入法国天主教会主办的震旦大学,其间认识了许多著名的画家,并得到他们诸多指点和赞许,增强了绘画创作的信心。

后来,徐悲鸿获得赴日本东京研究美术的资助。后又在北洋政府的资助下,到法国学习绘画。抵欧之初,他参观了许多著名的博物馆、画廊、展览会、美术馆,目睹了大量文艺复兴时期以来的优秀作品。徐悲鸿从中深深感到自己过去所作的中国画是"体物不精而手放佚,动不中绳,如无缰之马难以控制"。于是,他刻苦钻研绘画学问,并考入巴黎美术学校,受教于弗拉芒格先生,开始接受正规的西方绘画教育。

徐悲鸿作品

在欧洲期间,徐悲鸿经常临摹著名画家的作品,还常跑去动物园画狮子、老虎、马等各种动物,以提高自己的写生能力。在名师们正规而系统的训练和他本人孜孜不倦的努力钻研下,绘画水平日渐提高，创作出一系列以肖像、人体、风景为主题的优秀的素描、油画作品。

学有所成的徐悲鸿在32岁这一年回到中国，开始在国内投身于美术教育工作，发展自己的艺术事业。

1931年，徐悲鸿创作了希望国家重视和招纳人才的国画《九方皋》；用油画《徯我后》来表达苦难民众对贤君的渴望之情；用国画《愚公移山》来赞誉中国民众坚忍不拔的毅力和夺取抗日最后胜利的顽强意志。除此之外，还创作了《巴人汲水图》《巴之贫妇图》等现实题材，《漓江春雨》《天回山》等山水题材及大量人物肖像和动物题材的作品。

中华人民共和国成立后，徐悲鸿笔耕不辍，满腔热情地描绘中国建设中的新人、新事、新面貌。他为战斗英雄画像，到山东导沭整沂水利工程工地体验生活，为劳模、民工画像，搜集一点一滴反映中国建设的素材。

不幸的是，1953年，徐悲鸿因突发脑出血逝世。

技惊中外

1919年春天，年轻的徐悲鸿考取了巴黎高等美术学校，后来又向法国著名的绘画大师达仰学画。达仰很看重这位刻苦努力的中国学生，热情地指导他，可这却招来一些人的嫉妒。

一天，一个外国学生很不礼貌地冲着徐悲鸿说："徐先生，我知道达仰很看重你，但你别以为进了达仰的门就能当画家。你们中国人就是到天堂去深造，也成不了才！"

徐悲鸿义正词严地对那个学生说："既然你瞧不起我的国家，那么好，从现在开始，我代表我的国家，你代表你的国家，我

们来等到毕业的时候再看。"徐悲鸿知道，仅靠争论是无法改变别人的无知和偏见的，他要做的就是用事实让他们重新认识一下真正的中国人！

从此，徐悲鸿更加奋发努力。就像他喜欢的马一样，徐悲鸿不知疲倦地日夜奔驰，勇往直前。为了学画，徐悲鸿每逢节假日就到巴黎各大博物馆、画廊临摹那里陈列的欧洲绘画大师的作品。他画呀画，常常忘了时间，一画就是一整天。经过潜心临摹，徐悲鸿的画技有了很大的提高。

留学的生活是清苦的，徐悲鸿只租了一间小阁楼，经常每餐只用一杯白开水和两片面包，为的是省下钱来购买绘画用品。终于，功夫不负有心人。三年过去了，徐悲鸿在巴黎高等美术学校以优异的成绩通过了结业考试。他创作的油画在巴黎展出时，轰动了整个西方绘画界。

那个外国学生看到徐悲鸿的作品后，非常震惊。他找到徐悲鸿，鞠了一躬说："我承认中国人是很有才能的。看来我犯了一个错误，用中国话来说，那就是'有眼不识泰山'。"

徐悲鸿与马

徐悲鸿画马，堪称一绝。他很喜欢马，最早也是以画马而闻名。他经常在有马的地方对真马写生，马的速写稿不下千幅。所以他下笔时能做到"全马在胸"，笔墨酣畅。

1934年4月，徐悲鸿应邀到莫斯科举办画展。一天，他应苏联文化局局长之请，为观众作一次画马的现场表演，他充分运用中国画独有的线条，水墨浓淡相宜，寥寥数笔，一匹势不可挡的奔马便跃然纸上。当时，在场的爱马成痴的骑兵元帅布琼尼，

徐悲鸿作品

拨开人群走到徐悲鸿面前，直率地说："徐先生，就将这匹马赠给我吧，否则我会发疯的！"徐悲鸿被布琼尼的幽默逗笑了，欣然点头答应。布琼尼高兴地和徐悲鸿热烈拥抱，并大声称赞道："徐先生，你不仅是东方的一支神笔，也是属于世界的一支神笔。你笔下的奔马，比我所骑过的那些战马更加奔放、健美！"

在徐悲鸿笔下的马，赋予了画家自己的个性和理想。他常借画马抒怀，有所寓意，以寄托自己的悲哀、忧郁、希望和欢乐。20世纪40年代初，徐悲鸿将展览获得的全部收入捐献给了难民。他在一幅马画上题词："水草寻常行处有，相期效死得长征"，表达了主张积极抗日的愿望。

1944年，徐悲鸿在重庆中央大学授课并筹备中央美术学院时，他把卖画的收入多用来帮助贫寒的学生、教师和文化界人士，而自己却过着异常艰苦的生活。他在一幅侧面奔马画上的题词是："问汝健脚果何用，为觅生活竟日驰"，反映了当时的现实境况。1953年，徐悲鸿在北京故居欢快地挥动墨汁淋漓的画笔，只用了十几分钟，便画出了一匹栩栩如生、四蹄腾空的奔马，并题写道："山河百战归民主，铲尽崎岖大道平"。这充分表达了画家对中华人民共和国成立的深情和发自内心的真诚喜悦。

"五百年来第一人"——张大千

张大千是20世纪中国画坛最具传奇色彩的画家。他绘画、书法、篆刻、诗词无所不通，晚年开创了泼墨泼彩的新风格。他曾在亚洲、欧洲、美洲举办了大量画展，蜚声国际，被誉为"当今最负盛名之国画大师"。

为学画，他也与其他画家一样，临摹古代画家的画作，可没有谁能像张大千一样，不仅把临摹的画画得像真的一样，还画出了古画的内在神韵，甚至"骗"过不少鉴别大师。难怪另一位大画家徐悲鸿曾说："张大千，五百年来第一人。"

张大千9岁时在母亲和姐姐的教导下，正式开始学习绘画、书法。张大千自幼就很聪明，所以作画进步很快。10岁时就能帮助母亲描绘花样，画比较复杂的花卉、人物，写字也很工整。

张大千的四哥在教私塾，所以他不仅能跟着哥哥读古籍，还能在课外跟随兄长游览山水名胜。良好的家庭文化氛围对他起到了很好的启蒙作用，同时也为他打下了坚实的国学基础。

1918年来到上海后，他与兄长坐海轮东赴日本留学，学习绘画与染织技术,不久后回到上海。在上海期间,张大家作画习书,以画水仙花见长,时人谓之"张水仙"。同时,他还开始了以石涛艺术为中心,以及八大山人、渐江、石溪、唐寅,徐渭、陈淳等人的研习。对于石涛他尤为推崇,他用了大量精力去学习石涛的绘画艺术,把石涛的艺术比喻成万里长城。他还从李瑞清之弟李筠庵学会仿制古画的方法,并做了许多石涛的赝品,曾多次骗过程霖生。石涛画境变化无穷,新颖怪奇而又法度严谨,张大千正是通过石涛而涵盖了唐宋元明百家之长。

在20年代的上海他获得了"石涛专家"的美誉。到了20世纪30年代,张大千的艺术更是趋于成熟,工笔写意,俱臻妙境,与齐白石齐名,素有"南张北齐"之称。

40年代,张大千赴敦煌,耗时3年大量临摹了石窟壁画,并将之宣传介绍,使敦煌艺术宝库从此为国人和世界广为瞩

张大千作品

目。从此，张大千的画风也发生了变化，善用复笔重色，高雅华丽，潇洒磅礴，被誉为"画中李白""今日中国之画仙"。

1949年，张大千赴印度展出书画，此后便旅居阿根廷、巴西、美国等地，并在世界各地频频举办个人画展。他被西方艺坛赞为"东方之笔"，与西画泰斗毕加索齐名，被称为了"东张西毕"。他荣获了国际艺术学会的金牌奖，被推选为"全世界当代第一大画家"，并被世界舆论称之为"当今世界最负盛誉的中国画大师"，为中华民族赢得了巨大荣誉。

在艺术创作上，张大千师古人、师近人、师万物、师造化，才能达到"师心为的"境界。他师古而不拟古，在继承传统文化的同时，他还想到了创新，最后在继承传统的基础上发展了泼墨，创造了泼墨、泼彩艺术，同时还改进了国画宣纸的质地，最后成了一代画宗。

书法篆刻

张大千除擅长山水、人物、花卉、翎毛以外，他的书法也是极有造诣的。他早期师从清代晚期的著名书法家李瑞清、曾农髯，形成自己细秀、方平，略带隶书味的书风。20世纪30年代以后，张大千的书法开始酝酿变化。他学习魏碑《瘗鹤铭》，参以宋代大家黄山谷的笔势，学习石涛笔法劲健，不拘一格的书风。

张大千在书法艺术上不仅继承了中国传统，还融入了山水画的意境。他并不一味追求表面上的张扬外露和剑拔弩张，而是讲求力与感情的融合。这使他的书法劲拔飘逸，外柔内刚，张大千笔力遒劲而秀逸的自家风格，被后人称为"大千体"。

张大千的篆刻与他的书法、绘画一样，自成一派。张大千曾

张大千作品

说："工笔画宜用周秦古玺、元朱满白印。写意的可用两汉官私印信的体制。除名号印之外，间或可用诗意的闲章，拿来做压角的用场。但这类闲章，印文要采用古文的成语，与画面适合的为宜。"

从这段话中不难看出，张大千对于不同类型的书、画如何使用印章都有着自己的讲究。据张大千好友、篆刻家陈巨来说，张大千一般每隔5年左右就要把所有的名章全部换过，旨在更新面目，同时也防赝品。张大千平生蓄印3 000方，用印之多，堪称中国近代画坛之最。

纵观张大千各时期的用印，1938年以前，可以说是张大千用印的探索期，这与他在这一阶段绘画上广泛研习前贤并初露自己风格的探索期是同步的。20世纪40年代后，张大千开始讲究用印。到了50年代末期，达到一生用印最严谨的时期，这与他在绘画上集大成时期也是同步的。在20世纪60年代，张大千开始泼墨泼彩画风的创作，在色与墨交织而成的朦胧画境中，印章又成了一种"点睛"的特殊符号。

张大千戒赌

20世纪20年代，上海有个名叫江紫尘的人，他在清末时当

过两江总督端方的"文巡捕",相当于后来的副官,辛亥革命后,便以转手买卖书画古董作为生财之道;在上海孟德兰路兰里创立"诗社",以"打诗谜"的方式聚赌抽头,张大千也常到这里来赌一下。

张大千的家中有一幅由曾祖父传下来的传家宝——王羲之的《曹娥碑帖》。帖上有唐代名人崔护、韦皋等七人的题跋,曾由项子京、清成亲王先后收藏,且都附有详跋。有一天,张大千应江紫尘之请,将这一名贵碑帖带去给众人观赏。不料当晚他"入局"以后连续"败北",竟然将《曹娥碑帖》当作赌注输了!等冷静下来后,张大千感到十分痛惜悔恨,从此绝迹赌场。

10年后,张大千的母亲(女画家曾友贞)在安徽郎溪病危时,把他叫到病榻前,想看一眼祖传的《曹娥碑帖》,张大千惶恐至极,只好撒谎说仍放在苏州网师园。母亲让他第二周必须带来展阅,以小慰病中的孤寂心情。

此时的张大千又怕又急,他怕母亲知道《曹娥碑帖》早已不在自己手上,如果母亲遗恨以殁,自己将终身负疚。而且当时他听说,江紫尘早已将碑帖售出,辗转不知落于谁手,急得成了热锅上的蚂蚁。

他回到网师园后,恰遇叶恭绰与王秋斋来访,询及张太夫人的病情,张大千即以实情相告,并将自己输掉碑帖的经过也一一讲述,最后叹气说:"倘若还能够找到这幅碑帖的下落,我决定不惜重金赎回,使老母得到安慰。"

谁知,叶恭绰指着自己的鼻子说:"这个吗,在我那里!"张大千一听,激动地流下了眼泪,立刻把王秋斋拉到屋角,央求王秋斋向叶恭绰转达三点请求:第一,如能割让,愿付其购买原价;

第二，如不忍割爱，则愿意用自己所收藏的历代书画，不计件数，任叶恭绰挑选，以为交换；第三，如果这两种方式都不行，则乞求暂借两周，经呈送老母观览后，即行璧还。

当王秋斋把张大千的意思转告给叶恭绰后。叶恭绰慨然地说："这是什么话！我一生爱好古人名迹，但从不巧取豪夺，玩物而不丧志。这碑帖是大千祖传遗物，而太夫人又在病笃之中，意欲一睹为快，这也是人之常情。我愿意将原璧返赠给大千，再不要说偿还原值或以物易物了！"张大千感激得不知说什么好，立刻上前叩首相谢。张太夫人终于在弥留之际看到了祖传的唐拓宝帖。

张大千作品

电影恐怖大师——希区柯克

也许对于很多人来说,"希区柯克"已不仅仅是一个人名,他更代表了一种电影手法的精神,而且早已成为悬疑惊悚的代名词。希区柯克创造并完善了制造悬念的艺术,并借用大银幕让观众参与到剧情中去,随着剧情的起伏使人由内心深处感到惊悚。在他的电影中,人们看到的是出神入化的拍摄手法、戏剧性的真相、明亮鲜明的色彩、内敛的玩笑戏弄、机智风趣的象征符号和最重要的——能"支配"人心的悬疑配乐……这些元素完美地融合在一起,才成就了"希区柯克"这个与悬疑紧张画上等号的代名词!

恐怖电影代名词

希区柯克出生在一个蔬菜水果店老板的家里,他是家里的第三个孩子。据一些身边的人回忆,少年时期的希区柯克性格十分内向,孤独又害羞,也不愿意与更多的人交往。直到进入中学,他的性格才渐渐变得开朗起来。他自己也曾回忆说,他小时候特别怕黑,还十分害怕上楼梯,对于他来说,家中楼梯拐弯处的黑暗里一定有什么可怕的东西。虽然在中学时代已经变得不那么内向了，可是他还是愿意独自一个人品尝和排遣着自己内心的孤独和寂寞。

作为大师的希区柯克并没有受过任何正统的电影或戏剧训练，他念过航海工程学校，19岁进入电报公司负责技术工作，还在伦敦大学修习艺术课程，这些经历对他日后的成就起到了基础性作用。后来，希区柯克开始朝着电视和广告界发展，并在这一时期开始接触电影。22岁时，希区柯克就已经开始在《女人对女人》等五部电影中担任编剧和负责艺术指导。39岁时，他前往好莱坞发展，并在第二年凭借《蝴蝶梦》一片拿下了奥斯卡最佳影片奖，不仅迈出了成功的第一步，同时也打响了他的知名度。在此后的几十年时间里，希区柯克在奥斯卡得奖史上也是战果辉煌，并以《惊魂记》等片五度提名奥斯卡最佳导演奖，1979年

希区柯克

还荣获了美国电影协会颁发的终身成就奖。

从希区柯克的电影中,人们不难看出,他是一位对人类精神世界高度关怀的艺术家。他一生导演、监制了59部电影,300多部电视系列剧,其中绝大多数是以人的紧张、焦虑、窥探、恐惧等为叙事主题的,设置悬念,故事情节惊险曲折,引人入胜。希区柯克执导的影片最终的目标是展现出人性最深层的恐怖和最异常的思想。由于在电影的拍摄手法和主题上具有独特的创作风格和创新的摄影技巧,因此许多在他之后的现代制片人都竞相学习甚至模仿他。

熟悉希区柯克电影的人都知道,他是一位表现欲非常强的导演,在每一部希区柯克的电影中,他自己都会以一个不引人注目的小角色出场,有时候是一个和主角擦肩而过的路人,有时候是一个赶不上公共汽车的人,他的身影已经成了希区柯克电影的一个标牌、一个注册商标。当他的这一爱好被人们熟知时,人们在看希区柯克电影时多了一个有意思的活动——在影片中寻找他的身影。后来,希区柯克担心观众只顾着在电影里寻找他的身影,而忘记要去注意剧情,就干脆在片子一开

希区柯克在片场

始的前几分钟露脸出现,以免大家因分神而影响了观影的情绪。

《惊魂记》被公认为希区柯克最好的电影。当这部影片在1960年上映时,人们一边害怕,一边蜂拥到电影院观看。在拍摄之初,由于这部电影的故事过于惊悚,因此吓退了一众电影公司,没有人愿意为这部电影投资。于是,希区柯克和妻子抵押了房子,以80万美元的超低成本完成了这部电影的拍摄。

他就是电影

世界著名的《Empire》电影杂志,曾进行过一次"历史上最伟大导演"的评选。在对一万名读者进行调查之后,史蒂芬·斯皮尔伯格被评为历史上最伟大的导演,阿尔弗雷德·希区柯克仅以微弱差距屈居第二。

虽然希区柯克在1980年就已离开人世,可到今天的40余年里,他仍然是好莱坞许多导演的"最大敌人"。他用他天才般的大脑探索了类型片的无限可能,几乎新浪潮的所有导演都把他奉为"技巧百宝箱",有的导演甚至说他自己在拍片时,常常会自问:"如果希区柯克拍的话,他会如何处理这个镜头?"

于是,希区柯克已有近20部作品被后人重拍过,有的经典作品甚至一次又一次地被重拍。

如果再加上某些被人不断"致敬"的经典桥段,那就更是数不胜数了:《夺宝奇兵》里,德国飞机追逐印第安纳·琼斯的场面就是对其著名影片《西北偏北》的套用;《哈里·波特与密室》的导演也承认,在斯莱特林石像上的战斗,也是模仿了他喜欢的《西北偏北》的最后一幕……

如果说斯皮尔伯格的背后是一排排电脑和忙忙碌碌的"工业光魔"特效制作师在帮他完美电影,那么希区柯克唯一能依靠的,只有他那颗充满想象力的脑袋。因此,是斯皮尔伯格伟大,还是希区柯克更胜一筹,只能仁者见仁了。

希区柯克(左)

电影天皇——黑泽明

在黑泽明的电影生涯中，黑泽明一共导演了30多部作品，成为第一个打破欧美垄断影展的亚洲电影人。黑泽明被称为"电影天皇"，据说最初是讽刺他在指挥现场的执着强横和"专制独裁"。可是到了后来，这一称呼则成了"彻头彻尾"的尊称。美国商业上最成功的导演斯蒂芬·斯皮尔伯格曾说："黑泽明就是电影界的莎士比亚。"由衷表达了对大师的赞叹。

1910年，黑泽明出生在日本东京的一个武士家庭。也许是受军人父亲的影响，他在电影中始终贯穿日本的传统文化——武士道精神。从小，黑泽明就受到了严格的教育，他对书法和绘画非常感兴趣，还曾经立志当一名画家。他在中学学习过西方绘画，还参加过一个称为"无产者艺术家联盟"的组织，该组织经常谈及革命的话题。

可是，在当时的社会里，以画家为职业是非常困难的，为了生计，黑泽明后来进入PCL电影公司考取了助理导演，拜导演山本嘉次郎为师，学习导演和编剧。在老师的教导和帮助下，黑泽明得到了真正的锻炼，从第三副导演晋升为第一副导演，并能胜任B班导演。可直到1943年，这位已有多年经验的资深

助理导演和写了十几个剧本的知名青年剧作家黑泽明才被允许独立执导了处女作《姿三四郎》。凭借这部电影，黑泽明一举成名，并被视为日本电影的新希望。

1950年，黑泽明拍摄了著名的电影《罗生门》，虽然这部电影在日本的首映失败，却意外地在西方大获成功。1951年，这部影片曾在第16届威尼斯国际电影节上获得金狮奖，这是西方电影节第一次把头奖给了一位亚洲导演。不仅如此，《罗生门》还获得了奥斯卡金像奖最佳外语片奖。从此，黑泽明闻名于世界影坛。日本曾有媒体评价他："在他之前，西方世界想到日本的时候，是富士山、艺伎和樱花。但是从他开始，西方世界想到日本的时候，是黑泽明、索尼和本田。"

20世纪60年代是黑泽明事业的低潮期。那时，电视机在日本全面普及，风雨飘摇的电影业受到致命的冲击。一些大制片厂相继倒闭，电影院前门可罗雀。此时的黑泽明艰难地自筹资金，拍摄了第一部独立制片的彩色电影《电车狂》。可这部让他期待不已的影片，带来的却是票房惨败的命运。在此后的一段时期里，再没有人投资他拍片，心灰意冷的黑泽明躲在家中浴室自杀，幸好被女儿发现并及时救起。

1972年，黑泽明接受邀请到苏联去拍一部俄语片——《德尔苏·乌札拉》。这部影片用了两年多时间才完成。影片讲述了世纪之交一支探险队深入荒野进行勘测的故事，片中大部分外景是在西伯利亚拍摄的。1976年，影片《德尔苏·乌札拉》先后得到莫斯科国家电影节金奖和奥斯卡金像奖最佳外语片奖。

1990年，黑泽明成为奥斯卡历史上第一个获得终身成就奖的亚洲电影人。1999年，黑泽明被美国时代周刊评选为"20世纪亚洲最有影响力的人物"之一。

电影《罗生门》

"罗生门"本来用日文汉字写成"罗城门",最原始意义是指设在"罗城"的门,即"京城门"之意。由于古代的日本常年战乱,尸横遍野。许多尸体都被拖到城楼丢弃,在年久失修颓败之后,"罗生门"显得更加荒凉阴森。时间久了,罗生门在人们心中产生了阴森恐怖、鬼魅聚居的印象,就有了"罗生门"是通向地狱之门这一鬼谈幻象之说。

到了现代,"罗生门"演化成:当事人各执一词,各自按自己的利益和逻辑来表述证明,同时又都难以拿出第三方的公证有力的证据,结果使得事实真相始终不为人知,事实结果一直在"真相"与"假象"之中徘徊,最终陷入无休止的争论与反复,从而唯以水落石出。

电影《罗生门》的故事发生在12世纪的日本,在平安京发生了一件轰动社会的新闻,武士金泽武弘在丛林里被人杀害。证人被招到纠察使署问话,但他们都怀着利己的目的,竭力维护自己,提供了美化自己、各不相同的证词。

影片在使故事情节更加完善、人物形象更加丰满的同时,也使主题更加深刻,具

《罗生门》宣传海报

有丰厚的哲学寓意。

首先,"天下熙熙,皆为利来;天下攘攘,皆为利往。"世间的人们为了这个"利"字,常常机关算尽,结果反而误了自己的性命。

其次,《罗生门》充分揭示并展现了人性的复杂,人有时候是善良的,有时候是罪恶的,有时候又是善恶相生相伴的。

最后,也就是本片最关键的地方,即人们在面对危险和难堪的场面时,往往会有意无意地多讲有利于自己的一面,而将不利于自己的真相隐藏。

软糖的故事

黑泽明的童年并不像他后来所取得的成绩那般光鲜。小时候的黑泽明胆小怯懦,再加上智力发育比其他孩子要晚,所以他总被小伙伴欺负,还被称作"软糖"。

二年级下学期时,黑泽明转学到黑田小学,并在那里遇到了自己人生中最重要的两个人,一个成为他一生的朋友,一个成为他的启蒙恩师。

刚转到黑田小学时,黑泽明发现班里也有一个"软糖"——一位叫作植草圭之助的同学。有了他垫背,黑泽明遭受的欺侮和嘲弄明显减少,日子稍稍好过了些。也许是因为同病相怜吧,植草圭之助成了黑泽明最好的伙伴。植草圭之助就像一面镜子,黑泽明可以从他身上看到自己,了解自己。后来黑泽明说,自己就是在这个时候慢慢开窍,逐渐聪明起来的。

由于学习成绩进步很快,老师还让他当上了班长。在提名副班长时,老师立川精治提示黑泽明说:"如果选一位成绩较差的,说不定这会成为他进步的动力呢？"于是黑泽明提名了植草圭之助。

结果，植草圭之助当上副班长之后有如脱胎换骨，写出了一篇让老师刮目相看的长篇作文，并从此信心爆棚到以"紫式部"自居。虽然没有达到紫式部的高度，植草圭之助日后也混出了不小的名头，与黑泽明合写了《美好的星期天》《泥醉天使》的剧本。

黑泽明

尽管黑泽明蒙受立川老师教导的时间不长，但他却被黑泽明视为自己最重要的启蒙恩师。黑泽明清晰地记得，在一次绘画课上，立川老师破天荒地让同学们随便画自己想画的画，而当时绘画课通行的是实物临摹，画得越像越好。

听到这样新鲜和宽松的要求，黑泽明顿时兴起。作画时，甚至不惜把铅笔弄断来涂颜料，还用手指沾上口水做进一步的涂抹。结果，黑泽明这幅脏兮兮的画又成了大家的笑料。可立川老师不但没有嘲笑他，还对他用唾沫作画的方式大加赞赏，这让黑泽明深受鼓舞！

也正是立川老师身上那股自由开放、鲜活感性的气质，深深地影响了黑泽明一生。

"大动作"指挥家——小泽征尔

小泽征尔绝对是20世纪指挥史上的一位指挥奇才。他既可以利用自己的技巧和风格来使乐队发挥潜力和形成辉煌的音响效果，又善于用自己的情感来表现作曲家的作品内容。当人们看到站在指挥台上，用自己全身心的热情投入音乐意境的小泽征尔时，没有人不是从心底里对他产生钦佩之情的。

还是评论家说得好："小泽征尔是一位真正的具有高雅艺术鉴赏力的艺术家，从他的风格和特点上来看，他真不愧是一个浑身都是音乐的指挥大师。"

在小泽征尔出生之前，父亲小泽开作就在20世纪30年代初期来到中国，在长春做牙医。"九·一八"事变发生以后，小泽全家便搬到了沈阳。1935年，小泽征尔在沈阳出生。在他出生后的第二年，他们便举家迁到了北京。太平洋战争爆发的前夕，小泽全家才回了日本的东京。

小泽征尔回到日本以后，很快就开始了他的音乐学习生涯。那是一个战乱的年代，家里的生活都很困难，可父亲为了他的学业，仍然为他买来了一架钢琴，还把他送到了一位优秀的钢琴教育家门下学习。

1951年，小泽征尔考入了著名的桐朋学园音乐系。在这里，他开始接触指挥艺术，并投在日本著名指挥教育家斋藤秀雄的门下潜心学习。斋藤秀雄是一位非常优秀的教育家，他有着很多训练学生的独特方法，小泽征尔在这几年的学习中，通过这些独特方法的训练，打下了牢固的指挥专业基础，并且掌握了十分卓越的技巧，其中很多方法训练出的结果，都使他获得了终身的收益。

1955年，小泽征尔以优异的成绩从桐朋学园毕业，成为一位颇具才华的青年指挥家。但他并没有满足，而是希望到更广阔的领域中去加深学习和展示自己的才华，于是他选择赴欧留学。1959年，小泽征尔在经过两个多月的海上奔波以后，终于来到了音乐艺术极为发达的法国首都巴黎。一个偶然的机会，他获准

小泽征尔在指挥中

参加了当年9月举行的贝藏松世界指挥比赛，在这次比赛中，小泽征尔以其出色的才能和独特的风格一举获得了冠军，并在一夜之间成了当时欧洲家喻户晓的知名人物。

比赛中拿到大奖以后，小泽征尔又荣获了意义深远的库谢维茨基大奖，并成为著名指挥大师查尔斯·明希的学生。小泽征尔在跟随明希学习了半年以后，又在一次由卡拉扬主持的国际卡拉扬指挥比赛中获得第一名，并有幸成为卡拉扬的学生，在这个伟大的指挥前辈手下进行难得的深造。1961年，小泽征尔又被另一位著名指挥大师伯恩斯坦看中，他不但将小泽征尔收为弟子，同时还聘请他担任了纽约爱乐乐团的副指挥。就这样，小泽征尔成为20世纪中最伟大的三位指挥大师手下的真传弟子，这在当时的青年指挥家中简直是不可思议的。

小泽征尔在指挥乐队演出

才华横溢的大师

小泽征尔是一位在艺术上有很高造诣的、才华横溢的指挥大师,他具有极其敏锐的听觉、惊人的音乐记忆力、高超的指挥棒技巧、丰富的音乐感觉和果断而热情的精神。他的指挥风格非常热烈生动,其中的变化也十分丰富,充满着生气、激情和强烈的感染力。

他还是一位非常善于准确把握和理解各种不同风格作品的指挥家。在排练和指挥一部作品时,他总是能够依靠其对肢体和曲式的良好感觉,做到布局清晰严谨、层次细致鲜明和主题突出流畅。他对节奏、速度、力度及和声都有着极强的感受性和控制能力,使音乐能够通过他的指挥和处理而极为自然和富有个性地被表现出来。

另外,他非常善于体现其间的感情变化,恬静、热烈、温柔、激动、悲哀、庄严和粗犷等多种多样的情绪,他都能够十分细微和精确地体现出其特有的分寸感。

在2002年的维也纳新年音乐会上,小泽征尔担任指挥。在加演演出曲目之前,小泽征尔让在场不同国家的演奏家用自己的母语向现场观众道一声新年好,有英语、法语、意大利语、西班牙语、俄语等,并由首席提琴手替小泽征尔用日语祝福。由于在场没有中国的演奏家,这位指挥大师就亲自用纯正的中文对在座的观众献上了句:新年好!

小泽征尔还是指挥界中一位出名的"大动作"指挥家,他十分善于利用自己突出的形体动作来提升乐队队员的音乐表现力。其实,并不是动作大就好,小泽征尔的指挥动作更准确地说

应该是动作极为生动化。虽然他在指挥时全身没有一个部位不参加运动,但却丝毫没有给人以故弄玄虚的感觉。这是因为,他所采用的全部动作都是音乐内容所需要的,而不是为了哗众取宠而加的生搬硬套的夸张手法。虽然他的这种风格也曾遭到过一些评论家的非议,但从整体上来看,这种突出的形体动作与音乐之间完美而巧妙的结合,的确产生了一种与众不同的令人赏心悦目的艺术效果。

小泽征尔的坚持

1994年,小泽征尔回到出生地沈阳,他决定指挥辽宁交响乐团,为观众奉上一场精彩的演出。可第一天排练完第四乐章快板后,小泽征尔的脸色骤然沉了下来,紧皱眉头,低沉地自言自语说:"怎么会这样?这样的乐团怎么去演出?"忽然,他将指挥棒重重地敲了一下乐谱架后说:"从明天起,我们进行个人演奏过关训练。"这等于在说,每个人需要从基本功训练起,而这绝不是大师级指挥家做的事。

小泽征尔还一一谢绝了等候在演练厅的地方官员安排的接见和宴请事宜。他说:"这次来只有一个目的,就是送给沈阳人民一场满意的交响乐。"

在此后的几天时间里,小泽征尔每天都会训练团员6个小时。他先是蹲在地板上指挥,后来干脆就跪在地板上指挥,脸上的汗水挥洒在乐谱和地板上,他一次次地纠正第一小提琴手,可还是难以过关。他实在太累了!

看着这位指挥大师被汗水浸透的头发,乐团的第一小提琴手心中难受极了,先是流泪、抽泣,后是失声哭了起来说:"对不

小泽征尔

起,您另选他人吧,我不行。"在场的人都以为大师会发火。可他却十分平静和悦地说:"你行,只差一点点。请再来一次。"在她拉完一遍后,大师捋起头发说:"谢谢,请再来一次好吗?"就这样,在小泽征尔一次次的鼓励和指导下,第一小提琴手终于过关了。过关时,她已经泣不成声。大师大口喘息着接过毛巾笑着说:"你们都行,谁也没有理由泄气……"

其实除了音乐上的天分,小泽征尔拥有更多的是勤奋。日本作曲家武满彻曾经在小泽征尔寓所住过一段时间,他目睹了大师的勤奋,他说:"每天清晨四点钟,小泽征尔屋里就亮起了灯,他开始读总谱。真没想到,他是如此用功。"

小泽征尔常说:"我是世界上起床最早的人之一,当太阳升起的时候,我常常已经读了至少两个小时的总谱或书。"

图书在版编目（CIP）数据

历史上著名的艺术家 / 何武编著. -- 长春：吉林出版集团股份有限公司，2014.10
（历史的天空 / 张帆主编）
ISBN 978-7-5534-5661-4

Ⅰ. ①历… Ⅱ. ①何… Ⅲ. ①艺术家－生平事迹－世界－少儿读物 Ⅳ. ①K815.7-49

中国版本图书馆CIP数据核字（2014）第221373号

历史的天空（彩图版）
历史上著名的艺术家
LISHI SHANG ZHUMING DE YISHUJIA

著　　者　何　武
出 版 人　吴　强
责任编辑　陈佩雄
开　　本　710 mm × 1000 mm　1/16
印　　张　10
字　　数　150千字
版　　次　2014年10月第1版
印　　次　2021年11月第3次印刷

出　　版　吉林出版集团股份有限公司
发　　行　吉林音像出版社有限责任公司
　　　　　吉林北方卡通动漫有限责任公司
　　　　　（吉林省长春市南关区福祉大路5788号）
电　　话　0431－81629667
印　　刷　鸿鹄（唐山）印务有限公司

ISBN 978-7-5534-5661-4　　定　价　45.00元

如发现印装质量问题，影响阅读，请与出版社联系调换。